안다르, 디테일을 입다

안다르, 디테일을 입다

애슬레저 시장을 혁신한 10그램의 차이

신애련 지음

중앙books

90년대생, 워킹맘, CEO
그리고 신애련

안다르 CEO 신애련. 내가 가진 이름 중 하나이자 내 20대의 또 다른 이름이기도 하다. 사실 내가 기업을, 그것도 의류 브랜드를 경영하게 될 것이라고는 상상도 하지 못했다. 요즘엔 젊은 CEO들이 많지만 이 일을 시작하던 당시에는 20대 초반이라는 나이와 경험치 때문에 겪은 어려움도 많았다. 창업을 꿈꾼 적도 없고 패션에도 전혀 관심이 없었으니 말이다. 지금은 나 자신도 신기할 정도이고 궁금해하는 사람들도 많다. 무엇이 나를 여기로 이끌었을까?

기억을 거슬러 올라가면 어린 시절 손님들이 원하는 스타일을 금세 만들어내던 동네 미용실 원장님의 모습이 떠오른다. 어린 나의 눈에 미용실 원장님은 단순히 머리를 만져주는 사람이 아니라 사람의 내면까지 긍정적이고 행복하게 만들어주는 마법사 같았다. 손님들이 미용실에 들어올 때와 나갈 때의 모습은 너무 달랐다. 기쁨과 자신감이 충만한 표정으로 당당하게 문을 나서는 손님들을 보면서 내가 다 뿌듯한 느낌이었다.

거기에서부터 모든 것이 시작된 것 같다. 나도 늘 다른 사람을 더 멋있고 행복하게 만들어주는 사람이 되고 싶었다. 중학교 2학년 때 부모님을 설득해 미용학원을 다녔다. 당연한 얘기지만 부모님은 내가 공부를 열심히 하길 바라셨다. 하지만 그냥 시킨 대로 적성에 맞지 않는 공부를 하는 것보다 내가 하고 싶은 걸 해보고 싶었다. 고등학교 진학 때는 미용과 관련된 다양한 분야 중 피부미용이 내 적성에 맞는다고 판단해 뷰티에스테틱학과를 선택했다.

인체와 피부에 관한 공부는 무척 흥미로웠다. 빨리 현장으로 나가 다른 사람들을 더 멋지게 만들어주는 뿌듯함을 느껴보고 싶었다. 그런 마음에 필요한 국가자격증을 빨리 취득했고, 1학년이 끝난 뒤 조기 취업을 했다.

그렇게 나는 청담동의 한 스파에서 테라피스트로 사회생활을 시작했다. 스파는 페이셜 관리나 바디 관리 등 에스테틱을 비롯해 아로마테라피, 컬러테라피 등 건강과 미용, 힐링을 위한 시간을 누릴 수 있는 곳이다. 그리고 이런 관리를 하는 사람을 테라피스트therapist라고 부른다. 경락 마사지, 근막 마사지 등을 통해 체형을 교정해주고 근육을 풀어주기도 하면서 고객들이 자신의 몸을 잘 알고 잘 사용할 수 있도록 알려주는 게 내 첫 직업이었다.

소수가 아닌 다수를 위한 직업

첫 사회생활은 녹록지 않았다. 한 달에 70만 원을 받으면서 하루 14시간씩 일을 했으니 말이다. 그나마 힐링이 되는 시간은 퇴근 후 요가 센터에 가는 시간이었다. 저녁 8시에 퇴근을 해도 밤 10시에 하는 요가 수업을 들은 다음 막차를 타고 집에 갈 정도로 요가를 하는 게 즐거웠다.

요가를 하면서 건강에 관해서도 다른 관점으로 보게 되었다. 테라피스트에게 관리를 받는 것도 좋지만 근본적으로 건강을 유지하기 위해서는 운동이 중요하다는 생각이 들었다. 게다가 매일 테라피스트에게 관리를 받을 수 있다면 좋겠지만 한 회에 20만 원가량 하는 관리를 자주 받을 수 있는 사람이 얼마나 될까. 결국 내가 하는 서비스는 소수를 위한 일이라는 생각도 들었다. 누워서 관리를 받는 것도 좋지만, 이 사람들이 평소 운동을 생활화하고 스스로 건강을 돌볼 수 있도록 가이드하고 독려할 수 있는 직업인 요가강사가 되고 싶다는 또 다른 꿈이 생겼다.

결국 '요가지도사' 자격을 취득하기로 결심하고 1년간의 준비를 거쳐 본격적으로 요가강사로 일을 시작했다. 요가강사가 된 후 직업 만족도는 최상이었다. 테라피스트로서 1대1 관리를 하는 것보다 더 많은 사람에게 자신의 몸을 올바르게 쓰도록

지도하고, 또 같이 몸을 움직일 수 있었다. 자신의 몸에 집중해 몸을 움직이는 그 시간만큼은 각자 생활에서 얻은 고민도 스트레스도 모두 잊고 오직 건강한 에너지가 공간에 가득 찼다. 많은 사람에게 건강을 전해준다는 데서 큰 의미와 보람을 찾았다. 그런 와중에도 딱 한 가지 힘든 점이 있었는데, 그건 매일 10시간 이상 입고 있어야 하는 요가복이 불편하다는 것이었다. 바로 이런 생각이 애슬레저 브랜드 안다르의 시작이 되었다.

요가강사에서 패션 브랜드 CEO로

많은 사람이 요가강사였던 사람이 어떻게 창업을 하고 CEO가 되었는지 의아해한다. 게다가 테라피스트였던 경력까지 말하면 의구심은 더 커진다. 실제로 테라피스트를 비롯한 미용업 종사자에 대한 사회의 편견과 맞닥뜨릴 때도 있어서 점점 사회 초년생이었던 시절에 대해서는 말을 아끼게 되었다. 어렸을 때부터 하고 싶었던 일을 향해 꾸준히 걸어오고 항상 내 가슴이 하고 싶었던 일을 선택했는데 단순히 '공부 못하는 애들이 선택하는 직업'이라는 누군가의 선입견에 기분이 상한 적도 많았다. 하지만 미용직은 실력을 갖추면 '아티스트'로 불릴 정도로 전문성을 가지고 있을뿐더러, 내가 그랬듯 이 일의 가치를 알아보고 묵묵히 걸어가는 멋진 분들이 참 많다.

닮은 듯 닮지 않은 이력이지만 내가 추구한 가치는 언제나 한 방향이었다. 사람들의 외면과 내면에 긍정적인 변화를 주는 것. 직업은 이런 꿈을 위한 수단이자 과정이었고, 그렇게 쌓아 올린 일의 경험이 지금의 나를 있게 해주었다. 테라피스트였을 때 익힌 인체에 대한 지식과 경험이 요가를 할 때도 큰 도움이 되었고, 인체에 대한 지식과 요가강사로서의 경험이 요가복을 만드는 데 지대한 영향을 주었다. 한 사람을 기분 좋게 웃는 얼굴로 만들고 싶었던 내 꿈도 점점 더 많은 사람에게 건강한 영향을 미치는 방향의 비전으로 확장되었다.

많은 사람이 나에게 묻는다.

"어떻게 해서 어린 나이에 창업에 성공할 수 있었나요?"

"그렇게 급격하게 회사를 키울 수 있었던 비결이 뭔가요?"

풍부한 자금이나 지식, 인맥이 있었던 것도 아니고 거창한 전략이나 장기적 계획이 있었던 것도 아니다. 그저 '하고 싶다'는 생각으로 시작했고, 그때그때 눈앞에 닥친 일들을 악착같이 해내다 보니 여기까지 왔다. 거창한 비결을 기대한 사람들에게는 미안하지만, 그런 건 없다. 창업을 한 뒤 매 순간이 배움의 연속이었고 아직도 더 배워야 할 게 많다.

하지만 더 많은 사람에게 더 좋은 요가복을 제공하고 싶다는 마음, 그래서 사람들의 삶에 긍정적인 영향을 끼치고 싶다는 바람은 처음부터 지금까지 단 한 번도 변한 적이 없다. 그것이 내가 하는 일의 본질이며, 그 본질이 안다르를 지금의 위치에 올려놓았다고 믿는다.

20대 초반에 안다르를 창업하고 이제 20대 후반이 되었으니 내 20대는 거의 안다르와 함께했다고 해도 과언이 아니다. 사람들이 생각하는 것처럼 탄탄대로만 달려온 것은 아니다. 90년대생의 어린 여자 사장이라고 무시당한 적도 있고, 워킹맘이다 보니 회사 일에 바쁘다 보면 아이에게 너무 미안하기도 했다. 돌이켜보면 오르막도, 내리막도 있었고 진흙탕에 빠진 적도 있었지만 멈추지 않고 걸어온 그 시간을 이 책에 담았다.

세상에는 다양한 사람이 있고 사람마다 일하는 방식이나 생각도 가지각색이다. 내가 이 책에 담은 생각이나 삶의 방식, 일하는 방식 등도 정답이 아니라 그중 하나일 뿐이다. 다만 아무것도 없던 20대 초반의 여성이 대한민국 애슬레저 리딩 브랜드를 키우기까지, 부족한 내 이야기가 누군가에게 영감과 희망이 될 수 있다면 무척 기쁘겠다.

2020년 가을
신애련

|차|례|

3장 · 달리다 보니 어느새 날고 있더라

6장 · 삶의 모든 가능성을 확장하는 법

1장

아웃사이더의 디테일

'불편함'에 반기를 든
초보 요가강사

    스물세 살, 나는 초짜 요가강사로서 '데뷔'를 앞두고 있었다. 십수 명 앞에서 요가를 가르쳐야 하는데 잘할 수 있을지, 수업이 확정된 날부터 두근두근 긴장된 마음을 애써 누르며 수업을 준비했다. 신경 써야 할 건 수업뿐만이 아니었다. 요가를 배우기 시작한 지 1년이 넘었지만 아직 제대로 된 요가복 하나 없는 터였다. 요가를 배울 때는 항상 일반적인 티셔츠에 '추리닝' 차림이었다.

'그래도 이제 명색이 강사인데 요가복 하나는 있어야겠지?'

하지만 정확히 요가복이 어떤 옷인지도 몰랐던 시절, 제대로 된 요가복을 어디서 살 수 있는지도 당연히 몰랐다. 많은 사람이 운동복을 사야 하면, 그것도 '좀 있어 보이는' 옷이 필요하다면 망설임 없이 향하는 스포츠 브랜드 매장으로 나도 갔다. 대충 레깅스와 브라탑을 입으면 요가복 아닌가?

새로 장만한 요가복을 갖춰 입고 누가 들어도 떨리는 목소리로 첫 수업을 했다. 수업을 마치고 나니 나도 모르게 안도의 한숨이 절로 흘러나왔다. 내가 뭘 어떻게 했는지도 모를 정도로 떨리던 수업도 횟수를 거듭하면서 나아졌고, 나도 점점 초짜 강사 티를 벗어가고 있었다. 때론 수업에 들어왔다가 내가 초짜 강사라는 걸 눈치채고 매트를 도로 돌돌 말아 나가는 사람도 있었지만.

그런데 어떻게 해도 익숙해지지 않는 게 하나 있었으니, 그건 요가복을 입고 벗는 일이었다. 내 딴에는 큰맘 먹고 산, 유명한 스포츠 브랜드의 요가복이 왜 그렇게 불편한지, 하루 10시간 이상 착용해야 하는 나로서는 불편함을 넘어 조금은 고통스러울 정도였다. 종종 몸에 옷 입은 자국이 생길 정도였으니까.

당시 남자친구이자 지금의 남편에게 고충을 토로했더니 그는 전혀 이해하지 못하겠다는 표정을 지었다.

"불편하다니? 운동할 땐 그 브랜드가 최고지."

"아니, 나도 그런 줄 알았는데… 휴."

이건 10시간 동안 입고 요가를 해보지 않으면 아무리 설명해도 알 수 없는 것이었다.

왜 다들 불편함을 참는 걸까

'나만 이렇게 불편한 건가? 다른 사람들은 뭘 입을까?'

그때까지는 옷에 별로 관심이 없어서 누가 뭘 입는지 눈여겨본 적이 없었던 나, 그제야 다른 강사들이나 회원들이 입은 요가복을 유심히 보았다. 그랬더니 대부분 유명한 브랜드의 스포츠웨어가 아니라 내가 본 적 없는 요가복을 입고 있는 게 아닌가. 그 옷의 정체가 궁금해서 다른 강사한테 물어보았다.

"선생님, 그 옷 어디서 사셨어요?"

"○○○○에서요."

처음 듣는 브랜드였다.

"그건 어디서 살 수 있어요?"

"인터넷이오."

인터넷에 브랜드 이름을 쳐보니 웹사이트가 나왔다. 알고 보니 '요가 좀 한다' 하는 사람들 사이에서는 유명한 국산 요가복 브랜드였는데 오프라인 매장은 없고 온라인에서만 살 수 있었다. 당시 나는 인터넷 쇼핑몰에서 옷을 사는 것도 익숙하지 않았지만 그 브랜드에서 요가복을 사보았다.

안 하던 인터넷 쇼핑까지 했는데, 결과는 기대 이하였다. 그 브랜드의 옷도 나에겐 불편하긴 마찬가지였다. 이쯤 되니 진심으로 궁금해졌다. 원래 요가복은 불편한 건가? 아니면 다들 잘만 입는데 나만 유난인 건가?

'내가 아직 익숙하지 않아서 그렇겠지.'

요가복을 입기 시작한 초반만 해도 그렇게 생각하면서 꾸역꾸역 입었다. 하지만 날이 거듭될수록 이건 아니라는 생각이 강해졌다. 땀에 젖어서 안 벗겨지는 옷을 억지로 벗는 모습을 남이 보면 마치 기인열전 같다고 할 것이다. 옷이 몸에 쓸리고 바지는 돌돌 말려서 내려가고, 상의를 벗다가 목에 담이 올 정도였다. 그리고 다른 강사들과 이야기를 나누다 보니 다들 나와 같은 불편함을 감수하면서 요가복을 입고 있었다.

"아, 진짜 그냥 내가 하나 만들까?"

이런 말이 강사들 사이에서는 일상적인 푸념이었다. 좀 더 알아보니 강사들이 요가복을 구해 입는 루트는 세 가지 정도였다. 첫 번째는 앞서 말한 인터넷 쇼핑몰에서만 살 수 있는 국산 브랜드 옷을 입는 것. 두 번째는 요가 센터 내에서 판매하는 요가복을 사 입는 것. 나도 사 입었는데 재질이 좋지 않아서 금세 보풀이 일어나는 데다 땀에 젖으면 잘 마르지 않아서 하루에 몇 번씩 갈아입어야 했다. 그래서 강사들은 요가복을 두세 벌씩 가지고 다니는 사람이 많았다. 그에 비해 가격은 6만~9만 원대로 그리 저렴하지도 않았다. 세 번째는 착용감이 훨씬 좋은 해외 브랜드의 요가복을 사 입는 것. 그 브랜드는 해외 직구를 통해서만 구할 수 있었는데 당시엔 해외 직구를 하면 3주는 기다려야 했다. 더 큰 문제는 너무 비싸다는 것이었다. 개인차는 있으나 나의 경우에는 당시 한 달 수입이 200만 원이 안 되었는데 한 벌에 30만 원짜리 요가복을 사기란 여간 부담스러운 게 아니었다.

온종일 입는 '작업복'이 이렇게 불편해서야. 요가를 너무나 좋아하는 나였지만 요가복을 입고 벗는 일이 매일의 짐이었다. 요가 인구는 이렇게 많은데 왜 입을 만한 옷은 한정적일까? 왜 몸에 옷을 맞추는 게 아니라 옷에 내 몸을 맞춰야 하지? 이런 의문이 머릿속을 떠나지 않았다.

일단 내가 편한 요가복을 만들어보자

'이럴 거면 내가 한번 만들어볼까?'

계속 불평불만만 늘어놓아서는 변하는 게 없으니 내가 입을 옷을 직접 만들면 문제가 해결되지 않을까. 너무 답답한 나머지 이런 생각이 들었다. 거창하게 창업을 생각한 게 아니라 내가 편하게 입을 옷을 내 손으로 만들겠다는, 어찌 보면 단순한 생각이었다. 이런 생각을 한 게 나뿐만은 아니었다. 앞서 말했듯 많은 강사가 이런 말을 많이 했었다. 하지만 실행으로 옮긴 사람은 없었다. 누구든 그렇겠지만 본업이 있는 사람이 전혀 모르는 분야에서 창업하는 게 쉬운 일은 아니다. 나 역시 아무것도 몰랐지만 겁 없이 이런 생각을 행동으로 옮겨버렸다. 내가 봤을 때 제품과 가격 경쟁력을 가진 요가 브랜드가 거의 없었으니 시장 가능성은 충분해 보였다.

내가 옷을 만들어보겠다고 선언했을 때 가장 기뻐한 건 다른 강사들이었다.

"제발 만들어줘! 내가 사 입을게."

주변의 뜨거운 반응에 나도 마음이 설레고 좋은 요가복을 빨리 만들고 싶어졌다. 그래도 일에는 순서가 있는 법.

우선 요가 강사로 일은 계속하면서 부업처럼 요가복을 만들어보기로 했다. 이를 위해 사업자등록도 했다. 난생처음 세무서에 가서 사업자등록을 한 날은 어제처럼 생생하다. 그동안 일하며 모은 전 재산 2,000만 원을 자본금으로 카페24 창업센터에서 월 25만 원에 빌려주는 공동사무실 주소를 써넣었다. 대표 신애련. 설레기도 하고 벅차기도 하고 걱정도 되었다. 내가 정말 할 수 있을까? 하지만 사업자등록까지 했으니 무조건 하는 거라고, 마음을 굳게 먹었다. 무엇보다 편한 요가복이 간절했다. 2015년 6월 1일은 그렇게 안다르의 창립기념일이 되었다.

매출 721억을 달성한
레깅스의 기적

2015년 자본금 2,000만 원으로 창업한 안다르는 2016년 백화점에 입점하면서부터 오프라인 매장을 통해 프리미엄 시장까지 진입하게 되었고, 2015년 8억 9,000만 원이었던 매출이 2016년에는 68억이 되었다.

그 후 안다르는 더욱 급격히 성장했다. 2017년에 이르러서는 전년의 세 배에 달하는 약 181억 원, 2018년에는 333억의 매출을 기록했다. 이 과정에서 회사를 성장시키기 위해 개인에서 법인으로 사업체 전환이 이뤄지기도 했다. 2018년 11월, 나의 개인사업체였던 안다르는 '주식회사 안다르'가 되었다. 법인 전환을 진행한 그해 말 국내 벤처캐피털을 통해 170억 원의 투자를 유치했다. 투자를 받으면서 더 크게 발돋움할 수 있었고, 그 결과 2019년에는 매출액 721억 원을 달성했다. 집에서 전화기 한 대 놓고 시작한 것이, 어느새 410평짜리 사무실에 160여 명의 직원이 근무하는 기업으로 바뀌었다. 1년 사이에 매출도 2배, 직원도 2배가 늘어난 것이다.

▼처음 시작할 때는 집이 사무실이자 창고였다.

살아남는 자가 승자다

통계청이 2018년을 기준으로 조사한 자료에 따르면 창업하는 기업은 늘고 있지만 5년 뒤에도 살아남는 기업은 열 곳 중 세 곳도 채 되지 않는다고 한다. 실제로 창업보다 창업 후에 지속적으로 성장할 수 있느냐가 더 중요하고도 어려운 문제인 것 같다. 안다르도 2020년이 창업한 지 햇수로 5주년이 되는 해인데 다행히 계속해서 상승곡선을 그리고 있다.

이처럼 급격한 성장을 하다 보니 많은 사람이 내게 물어본다. 패션도, 경영도 전혀 모르던 사람이 어떻게 애슬레저룩을 대표하는 패션기업을 만들 수 있었냐고. 나도 안다르가 걸어온 길을 돌아보다 보면 '내가 이걸 어떻게 다 했지?'라는 생각이 문득 든다. 마치 산을 오를 때는 모르는데 높이 올라 뒤돌아보며 '내가 여기까지 올라왔다니…' 하는 기분과 같다. 그렇기 때문에 '어떻게?'라고 묻는다면 사실 설명하기가 힘들다. 그저 한 걸음 한 걸음 쉬지 않고 걷다 보니 어느새 여기까지 왔다고 대답할 수밖에.

그래도 곰곰이 생각해보면 애슬레저 시장의 성장과 맞물린 점은 운이 좋았다고 생각한다. 전 세계적으로 애슬레저 문화가 떠오르면서 우리나라의 애슬레저 시장도 지난 몇 년간 급격히 성장했다. 시장조사기업 '유로모니터'에 따르면 국내 레깅스 시장의 규모가 2013년 4,345억 원에서 2018년에는 6,950억 원까지 성장했다. 이 대세의 흐름과 맞물려 안다르도 급속도로 성장할 수 있었다.

아웃사이더의 강점

분명 안다르의 성공을 분석하면 여러 원인이 나올 수 있을 것 같다. 정신없이 산을 올랐지만 내 생각에 이토록 높이 오를 수 있었던 이유는 하나의 목표만을 봤기 때문이다. 좋은 옷을 만들고 싶다는 것! 모두가 좋아할 만한 제품을 합리적 가격에 공급하고 싶었고, 많은 분이 도와주셔서 내가 지향하는 제품력에 도달할 수 있었다. 뛰어난 제품력만큼 좋은 마케팅 전략은 없다고 생각한다. 안다르의 성공 비결이라면 바로 '좋은 옷'이라는 본질을 잡았기 때문이 아닐까.

패션을 공부하거나 기업을 운영하는 사람의 입장에서 보면 나는 아마추어이자 아웃사이더였을 것이다. 패션 전공자도 아니고 패션 관련 일을 한 적도 없었기 때문에 원단부터 봉제, 판매까지 쉬운 일이 하나도 없었다. 스포츠 브랜드나 아웃도어

업계에서 일해본 사람이라면 수월했을 사소한 일 하나하나도 나에겐 풀어야 할 숙제였고 뛰어넘어야 할 장벽이었다.

하지만 어떤 상황에서든 '내가 만들고 싶은 옷이 무엇인가'에만 집중해서 하나만 생각했다. 바로 내가 이 일을 시작하게 된 본질, '좀 더 편한 옷을 만들려면 어떻게 해야 할까?' 하는 질문이었다. 그리고 그 답을 구하기 위해 '요가복은 이래야 한다'는 고정관념이나 '이런 옷은 당연히 못 만들 것'이라는 선입견 없이 디테일 하나하나까지 파고들었다. 그리고 이런 본질을 관철시킬 수 있었던 것은 비뚤어진 액자나 퍼즐의 한 조각을 기어코 맞추고야 말겠다는 일종의 '강박적 오기' 때문이 아니었을까. 오히려 아마추어였기 때문에 소비자의 눈으로 제품을 편견없이 볼 수 있었던 게 아닐까 하는 생각도 든다.

아무것도 모르고 처음 시작한 사업에 하루하루가 도전이었을 때도 안다르를 포기하지 않았던 것은 돈을 벌겠다는 목적보다 내 머릿속에 있는 걸 현실로 옮겨야겠다는 단순한 마음이었다. 그토록 가뿐한 마음이었기에 두려움 없이 새로운 도전을 하고 꾸준히 새 제품을 세상에 내놓을 수 있었다. 오히려 지식이 많아 완벽한 계획을 세우려고 했다면, 경험이 많아 고민과 생각이 앞섰더라면 출발의 무게는 결코 가볍지 못했을 것이고 지금과 같은 차별성도 만들지 못했을 것이다.

▲ 옷에 대해 아무것도 몰랐기에 열정적으로 공부했고 오히려 전공자들과는 다른
관점으로 이전에는 없던 제품을 개발할 수 있었다.

이제 안다르는 국내에서 요가복 시장을 개척하며 업계를 이끄는 기업이 되었다. 요가복 시장이 전무하던 당시 안다르에서 처음 시도한 봉제법이나 원단 등이 참 많다. 국내의 봉제업계와 원단 시장이 그리 크지 않기 때문에 한 곳에서 뭔가를 개발하면 금세 다 퍼진다. 많은 후발업체가 생기면서 최초로 안다르가 시도한 방식들이 이제는 보편화되었다. 소규모 창업으로 시작했는데 이제는 의류업계 대기업과 기술 협업을 통해 타 스포츠 브랜드에서 출시한 레깅스에 안다르가 개발한 제조기술이 들어가기도 한다. 처음에 옷을 개발하는 과정에서 내가 '왜'라는 질문을 던지면 '다들 그렇게 해왔으니까'라는 답변을 자주 들었다. 그런데 이제는 바뀐 '관행'을 보면 뿌듯하다. 아웃사이더로 시작한 내가 처음부터 추구했던 가치인 '모두가 편한 옷'에 결국 사람들이 공감해준 것이라고 생각한다.

답은 디테일에 있다

내가 자신 있게 말할 수 있는 안다르의 제품력이란 뭘까. '신은 디테일에 있다God is in the details'는 말을 흔히 한다. 진짜 중요한 문제나 해결법은 디테일에 숨어 있는 경우가 많다. 별거 아닌 것처럼 보여도 작은 요소가 엄청난 변화를 가져올 수 있다. 그리고 디테일을 제대로 바꾸려면 생각보다 큰 노력이 필요하다. 안다르의 제품력을 결정하는 요소도 이런 디테일에 있다.

기장에 대한 고정관념

레깅스의 기장은 9부와 7부로 나뉜다. 그런데 나는 레깅스를 입으면서, 그리고 레깅스를 입은 사람들을 보면서 항상 레깅스 기장에 대한 의문이 있었다. 우리가 입는 긴 레깅스는 보통 9부인데, 9부는 다리 길이의 90퍼센트 정도 되는 길이로 발목이나 복숭아뼈까지 온다. 그런데 이런 길이감은 키가 크고 다리가 길며 종아리도 긴 체형을 가진 누군가에게는 자로 잰 듯 맞아떨어질지도 모른다. 하지만 사람 체형이 어디 하나인가. 사람들은 저마다 다른 체형을 가졌는데 왜 레깅스 기장은 9부와 7부, 단 두 가지로 나누는 걸까? 나 또한 키가 167센티미터이지만 9부를 입으면 기장이 만족스럽지 않았다. 레깅스를 입어보면 레깅스 끝이 발목 부분에 남아서 주름이 잡힌다. 9부를 입으면 좀 긴 감이 있고 다리가 길더라도 종아리가 짧은 체형의 경우 레깅스를 입었을 때 다리가 더 짧아 보이기도 한다. 체형에 따라 복숭아뼈 밑으로 다리가 더 보여야 전반적으로 다리가 길어 보이는 효과를 보는 경우가 있다. 또 종아리가 굵은 게 콤플렉스라면 복숭아뼈보다 15센티미터 정도 더 위로 올라와야 비복근(종아리 뒤쪽 근육)이 덜 발달해 보인다. 그런데 7부 레깅스를 입으면 길이가 애매해서 오히려 다리가 짧아 보이는 사람도 있다.

기장이 꼭 9부 아니면 7부여야 할까? 더 좋은 기장은 없을까? 다양한 체형을 가진 사람들을 모두 만족시킬 수 있는 새로운 기장이 필요했다.

전에 없던 기장을 창조하다

고민을 하던 차에 친한 요가강사가 한 명 떠올랐다. 키가 153센티미터인 그분은 항상 7부 레깅스만 입었다. 7부는 무릎에서 15센티미터 아래까지 내려오는 기장을 말하는데, 그녀의 키에는 7부를 입으면 복숭아뼈 위까지 예쁘게 떨어졌다.

'저 길이감이 참 예쁘고 다리도 길어 보이는데, 그럼 내 키에는 어떤 사이즈를 입어야 하지?'

7부는 짧고 9부는 길다. 그럼 중간인 8부는 어떨까? 바로 샘플 작업에 들어갔다. 그렇게 몇 번의 시행착오 끝에 8부 레깅스를 만들어보니 우리나라 평균 키를 가진 여성에게는 이 레깅스가 확실히 예쁘다는 확신이 들었다. 하지만 '왜 8부 레깅스가 필요한가'를 설명하려니 말이 너무 장황해졌다. 또한 9부가 당연시되는 분위기 속에서 8부라고 하면 되레 어중간하게 느껴질 수도 있다. 회사 내에서도 왜 8부 레깅스가 필요하냐는 반문이 들어와 설득하는 데 애를 먹었다. 당시 7부는 운동선수가 아니라면 입기 부담스럽다는 인식도 많았지만 9부는 다들 당연한 듯이 입었으니까.

하지만 이 디테일한 차이를 알게 되면 당연히 9부보다 좋다고 느낄 텐데…. 이 미묘한 차이를 어떻게 설명할 것인가. 고민 끝에 떠오른 것이 바로 '8.2부'였다. 8부도 아닌 8.2부. 이 용어를 들으면 길이감을 더 세밀하게 고심한 것 같은 느낌이 들지 않는가. 단 2퍼센트의 차이가 함축하는 의미는 대단히 크다. 내가 고심한 과정과 새롭게 고안한 이유에 대한 설명이 8.2부라는 단어 하나로 응축되었다.

8.2부는 150센티미터 중반부터 160센티미터 후반의 신장을 가진, 대다수의 우리나라 여성들이 입을 수 있는 길이감이다. 155센티미터인 사람이 입으면 9부 기장이 되고 167센티미터인 사람이 입으면 딱 복숭아뼈 위까지 온다. 키가 작든 크든 누구나 만족스럽게 입을 수 있는 사이즈인 것이다.

아이디어를 떠올리는 건 오히려 쉬울지도 모른다. 생각을 실제로 구현하는 것이 훨씬 더 어렵다. 이전에 없던 새로운 기장을 만들려면 우선 레깅스 기장은 9부, 7부가 기본이라고 생각하는 업계 사람들부터 설득해야 했다. 또 원단의 로스(손실)를 고려해야 한다. 기존 길이가 아닌 새로운 길이였기 때문이 버리는 원단을 최소한으로 하면서 8.2부를 만드는 것이 관건이었다. 또한 원단마다 축률Shrinkage, 즉 입었을 때 옷이 줄어드는 정도가 달라서 기장을 잡기도 힘들었다.

보통 키를 가진 여성에게 어떤 길이의 레깅스가 가장 예쁠까? 이 단순한 생각에서 시작해 우여곡절 끝에 마침내 8.2부 레깅스가 출시되었고 사람들은 이 새로운 기장에 열광했다. 수요가 없는 것이 아니라 사람들이 자신의 니즈를 몰랐을 뿐이었다. 이런 기장의 레깅스가 가능한지 몰랐으니까. 미처 모르고 있던 사람들의 니즈를 먼저 캐치해서 그것을 충족시켜준 것이 안다르의 커다란 성장 동력이다. 고객의 입장에서 사람들이 뭘 불편해하고 뭘 원하는지, 혹은 만족스럽지 않은데도 당연하게 여기는 건 뭐가 있는지를 찾아서 개선한 것이 모두가 편한 옷을 만드는 출발점이 될 수 있었다.

트리플 A형이 만들어낸
거의 완벽한 제품

거듭 말하지만 나는 패션도 경영도 배운 적이 없다. 그럼에도 안다르가 이토록 급성장한 것은 지금까지 내가 입어서 만족하고 부끄럽지 않은 제품을 내놓았고 매번 더 나은 제품을 선보이려고 노력했기 때문이라고 생각한다. 초창기만 해도 자본이 있어서 광고를 할 수 있었던 것도 아니고 내가 엄청난 전략가였던 것도 아니다. 그저 본질에 집중했을 뿐이다. 제품은 거짓말을 하지 않으니까. 어떤 뛰어난 전략이나 물량 공세보다도 우리 옷을 한번 입어보면 알 것이라고 생각했다. 그리고 그런 진심이 통했다고 믿는다.

천직을 만나다

사실 어릴 때부터 내가 생각하는 나는 뭐든 대충 하는 편이었다. 공부도 대충, 집안일도 대충…. 그런데 요가복을 만들기 시작하면서 180도 변했다고 할 정도로 나도 몰랐던 내 모습을 발견했다. 제품에 있어서만큼은 조금도 타협하고 싶지 않았다. 대충 하는 게 내 성격인 줄 알았는데, 내가 애정하고 잘할 수 있는 일을 만나지 못했기 때문이었던 게 아닐까. 내 성격이 변한게 아니라 내 안에 이미 있던 것을 끄집어낸 것일 터다. 사람들이 말하는 천직이란 게 이런 건가 싶다.

또한 나는 '트리플 A형'이라고 할 정도로 소심하고 예민한 면이 있다. 그런 점이 단점이라고 생각해왔는데 옷을 만드는 데 있어서는 장점으로 작용했다. 제품의 질이나 소비자의 반응을 누구보다 예민하게 느끼기 때문이다. 옷을 만든다는 것은 단순히 제품을 생산하는 것을 넘어 누군가에게 영향을 주는 일이다. 누군가의 몸과 행동과 정신과 일상에 영향을 준다는 걸 생각하지 않을 수가 없다. 그러니 내가 만든 옷을 누군가가 입어주는, 이 관계에서만큼은 완벽해야 한다고 줄곧 생각해왔다.

그래서 온 신경과 감각을 곤두세웠다. 나의 가장 큰 역할 중 하나는 품질관리(QC: Quality Control)다. 원단을 테스트해서 최상의 원단을 개발하고 그것을 다시 최고의 옷으로 만드는 과정. 그 목표를 위해 짧게는 3~4번에서 길게는 30번까지 품질관리를 하는데, 일일이 내가 입어보면서 수정한다. 내가 입었을 때 불편한 점이 없어야만 제품으로 세상에 나올 수 있다.

옷을 개발하는 과정에서 내 몸은 최고의 바로미터다. 직접 옷을 수없이 입어보며 미묘한 차이를 잡아내려고 노력해왔다. 이를테면, 원단업체에서 원단 샘플을 받아 옷을 만들었을 때 괜찮았는데 원단을 대량으로 짰을 때 달라지는 경우가 있다. 원단이 두껍고 얇은, 단 10그램의 차이를 나는 안다. 400그램과 410그램의 원단이 있으면 그 2개의 차이가 심하게 느껴진다. 원단이 늘어나는 1센티미터의 차이도, 염색을 한 번 한 것과 두 번 한 것의 차이도 안다.

내가 이런 차이를 지적하면 협력업체에서는 기가 막혀 하며 '대체 그걸 어떻게 아냐'고 묻는다. 그냥 착용감이 다르니까, 몸으로 느껴지니 알 뿐이다. 나에게 이런 재능이 있는지 나도 몰랐다. 폴리에스테르로 만든 9,900원짜리 옷도 잘만 입고 다니던 나이지만 촉을 예민하게 세우니까 세워지는 느낌이 들었다.

그러면서 내 기준도 점점 더 높아졌다. 처음 제작한 옷은 유명한 해외 브랜드처럼 훌륭하진 않았어도 내가 입었을 때 충분히 좋으니까 출시한 것이다. 그런데 지금 그때의 옷을 입으라고 하면 못 입는다. 옷을 입어보고 만들어보면서 내 안에도 데이터와 경험이 축적되었다. 예를 들어 가만히 서 있으면 완벽한 라인으로 보이는데 상체를 숙이면 옷이 뜨는 경우가 있다. 그러면 왜 뜨는지, 어떻게 하면 뜨지 않는지 연구해서 개선한다. 혹은 팔을 움직일 때 암홀 부분이 불편한 경우에는 원단의 신축성 차이라 생각하고 여러 버전으로 만들어 테스트를 해본다. 테이프를 다르게 써보고 봉제를 달리 해보고, 이리저리 해보는 과정에서 지식과 노하우가 체득되었다.

옷 이전에 움직임을 생각한다

옷은 사람이 입는다. 그렇기 때문에 디테일하게 사람들의 니즈를 충족시키기 위해서는 기본적으로 사람에 대한 관심과 배려가 중요하다고 생각한다. 내가 테라피스트로 일한 것은 인체의 움직임과 작용을 내 눈으로 직접 보고, 많은 사람의 근육을 손으로 만져볼 수도 있는 기회였다. 그때 머리로 익힌 지식과 실전 경험이 합쳐지면서 인체를 더 잘 이해할 수 있게 되었다. 이런 지식과 경험은 요가를 가르칠 때도 큰 도움이 되었다. 회원들의 몸을 터치하거나 동작을 가르칠 때 통증을 덜 느끼도록 세심한 지도가 가능했기 때문이다.

이렇다 보니 요가복을 만들기 시작하면서도 자연스럽게 사람들의 체형을 분석하고 고려하게 되었다. 기능성 웨어는 몸에 밀착되기 때문에 인체를 잘 이해하는 것이 무엇보다 중요하다. 여기서 체형 분석이란 단순히 신체 사이즈나 수치를 말하는 게 아니다. 예를 들어 한 사람의 체형을 보고 저 사람은 어떤 직업을 가졌을지, 어떤 생활을 할지, 어디가 아플지, 나이를 먹으면 어디부터 통증을 느낄지, 일상생활에서 어떤 게 불편할지 추측하는 것이다. 이 또한 테라피스트와 요가강사의 경험 덕분에 자연스럽게 알게 된 것인데, 100퍼센트 맞힐 수는 없더라도 체형을 통해 그 사람의 생활방식이나 습관 등을 어느 정도 추측해볼 수 있다.

현대인은 대부분 체형의 밸런스가 깨져 있다. 특히 사무직은 대부분 거북목이나 라운드숄더 등으로 고생한다. 꾸준히 운동을 하는 사람은 체형 밸런스가 잡힌 경우도 있는데 그런 사람은 어떤 옷을 입어도 불편함을 별로 못 느낀다. 그래서 옷에 관해 디테일한 평가는 할 수 있겠지만 보통 사람들이 옷을 입었을 때의 느낌을 말해줄 수는 없다. 그래서 나는 운동복을 만들면서도 운동을 하는 사람들 못지않게 체형 밸런스가 깨진 평범한 사람들의 피드백을 무척 중시했다. 운동을 별로 안 해보고 운동복도 많이 입어보지 않은 사람일수록 더 보편적이고 전반적인 옷의 착용감을 전해줄 수 있기 때문이다.

지금도 어디에 가든 사람들의 체형을 유심히 보게 된다. 직업병이라면 직업병인데, '저런 체형에는 어떤 형태의 레깅스를 입어야 편안하고 활동성이 좋을까' 고민한다. 또 '저런 체형은 이 정도 기장의 이런 형태를 입으면 더 돋보이겠다'는 생각을 하기도 한다. 보통 요가강사에서 CEO가 되었다고 하면 어떻게 그렇게 서로 관련 없는 일을 하게 되는지 신기해한다. 내 생각엔, 지금은 작고 하찮다고 느껴지는 일도 언젠가 어떤 도움이 될지 모른다는 것이다. 사람은 시간이란 연속성 위에서 계속 살아간다. 살아오면서 내가 경험했던 것들이 모두 나름의 소중한 자산이 되었다. 그렇게 체득한 것들을 제품에 반영해서 세상에 내놓고 사람들이 입은 모습을 보며 다시 개선을 고민한다. 이런 과정이 반복되며 나의 품질 기준도 더 높아지고, 시야도 넓어지며 안다르의 수많은 신제품이 나왔다.

아주 작은 배려까지
고객은 알고 있다

비록 경영에 대해서는 아무것도 모르는 채 안다르를 시작했지만 소비자로서 계속 살아왔고 테라피스트로, 요가강사로 직접 고객들을 대면하는 일을 했기에 확실히 아는 것은 하나 있었다. 어떤 일에서건 고객을 만족시키는 것이 최우선이고 사소한 것 하나도 고객을 우선 배려해야 한다는 것. 결국 모든 사업의 본질은 똑같다고 생각한다.

예를 들면 초창기에 돈이 없을 때에도 상대적으로 저렴한 택배회사보다 우체국 택배를 고집했다. 내 경험상 우체국 택배는 안전하게 제때 배달해서 만족스러웠기 때문에 우리 고객들에게도 그런 경험을 안겨주고 싶었다. 안다르의 제품 개발뿐 아니라 고객의 손에 제품이 도달할 때까지의 전 과정에서 좀 더 고객들을 기쁘게 만들고 싶었다.

나는야 상품평 마니아

창업 초기부터 안다르는 고객들의 의견을 듣고, 그것을 바탕으로 제품을 개선하며 성장해왔다. 옷을 만들어 파는 기업이니 고객을 배려하는 마음을 옷에 담는 것이 무엇보다 중요하고, 그것이 우리 옷을 사랑해주는 사람들을 위한 보답이라고 생각했다. 그래서 나는 지금도 상품평을 꼼꼼히 살피고 여러 통로로 고객들의 의견에 귀를 기울인다. 제품 개발에서도 마케팅에서도 안다르가 난관에 부닥칠 때마다 해답은 언제나 고객 속에 있었다. 그런 마음은 지금도 변함이 없다. 오히려 회사의 규모가 커질수록 더 체계적이고 철저하게 입는 사람들의 목소리를 들을 수 있게 되어서 뿌듯하다.

제품의 디테일 하나하나에도 좀 더 입는 사람의 편의를 생각한다. 처음에는 안다르도 여느 스포츠 브랜드처럼 S(스몰), M(미디엄), L(라지)로 제작했던 것을 0, 2, 4, 6, 8 사이즈로 바꾸었다. S, M, L은 사이즈를 뭉뚱그려서 고객들의 사이즈를 세밀하게 충족시키지 못하기 때문이다. 또 사람의 사이즈를 스몰, 미디엄, 라지로 부르는 것이 세심하지 못하다는 생각도 들었다. 만일 자신이 몸이 큰 게 콤플렉스인 사람이 있다면 자신의 사이즈가 '라지'라는 게 싫을 수도 있다. 0, 2, 4, 6, 8로 사이즈를 나누니 더 디테일할 뿐 아니라 사이즈에 대해 자칫 생길 수 있는 거부감도 완화할 수 있었다. 슬랙스의 경우에는 기장도 '롱'과 '숏'으로 나누어 키에 따라 선택권을 넓혔다.

'뭐 이런 걸 사람들이 알겠어'라고 치부할 수 있는 작은 배려도 고객들은 분명히 알아챈다. 물론 아직 부족한 점이 있을 것이고 세상 모든 고객을 만족시키기란 불가능할지도 모른다. 하지만 고객이 감동할 수 있는 제품과 서비스를 위해 노력하는 것이 고객뿐 아니라 브랜드의 성장을 위해서도 가장 중요한 일이다. 결국 사람이 사람을 위해 하는 일이다. 저 멀리 돌아가는 것 같아도 정석대로 걷는 것, 그것이 성장을 위해 가장 빠른 길이다.

'공감'으로부터 트렌드는 시작된다

옷은 항상 트렌드와 함께 발빠르게 변화한다. 만약 지금 나에게 안다르 초창기 제품을 입으라고 한다면 절대 못 입는다. 그 이유는 내 품질 기준이 높아진 것도 있지만 초기 제품이 촌스러워서도 있다. 특히 한국은 트렌드 변화가 빠르다. 그렇다면 패션 피플도 아닌 내가 어떻게 이 트렌드를 잡을 수 있었을까?

중요한 건 사람들의 니즈를 파악하려면 기본적으로 공감대가 형성되어야 한다는 점이다. 초창기부터 지금까지 "안다르를 한 번도 안 입어본 사람은 있어도 한 번만 입어본 사람은 없다"는 제품 후기들이 올라올 정도로 재구매에 재구매가 이어지고 있는 이유 중 하나는 '공감' 덕분이라고 생각한다.

열심히 운동을 해보려고 큰맘 먹고 운동복을 샀는데, 그 옷을 입었더니 되레 불편하고 거울 앞에 선 내 모습이 마음에 들지 않은 경험이 있지 않은가. 내 몸의 체형을 자연스럽게 잡아주는 게 아니라 오히려 단점을 적나라하게 드러내고 과도하게 밀착되어 움직이기가 오히려 힘들어지는 경우도 있다. 나 역시 그런 경험이 있다. 다양한 체형을 고려하지 않은 타이트한 운동복 디자인에 내 몸을 맞출 수밖에 없었고, 그런 불편함과 속상함이 창업으로까지 이어졌다.

안다르의 시그니처도 그렇게 만들어졌다. 원단 특성 때문에 광택이 날 수밖에 없던 레깅스를 무광 텍스처로 제작해 몸을 더 자연스럽게 보이는 기술을 개발한 것, Y존이 두드러져보이는 봉제선을 없앤 것, 키가 큰 사람이나 작은 사람 모두에게 최적의 기장감을 찾은 것까지. 많은 여성이 고민하는 부분을 공감할 수 있었기에 그것을 날카롭게 파악하고 해결책을 강구할 수 있었다.

다리에 착 달라붙는 레깅스를 여름에도 시원하고 쾌적하게 즐기려면 어떻게 해야 할까 하는 고민 끝에, 통풍과 습도에 강한 소재로 제작한 에어쿨링 레깅스, 그리고 일반 티셔츠보다 내구성을 강화하고 땀 흡수와 배출에 탁월한 소재로 만든 에어 핏 티셔츠는 안다르 완판 신화에 획을 그은 레전드 제품들이 됐다.

'지금 유행을 팔겠다'가 아니라 '내가 입고 싶은 옷은 이런 옷이다'라는 생각. 어쩌면 아주 단순한 마음으로 제품을 기획한 것이 사람들의 마음을 움직일 수 있었던 것 같다. 안다르가 자랑하는 제품력은 결국 공감에서 나온다. 사람과 사람 사이에서 공감이 중요하듯 기업과 소비자와의 공감 능력은 성공을 위해 필수적인 요소다.

초보의 브랜드 네이밍

창업을 하겠다고 마음먹으면 다들 가장 먼저 하는 일이 아마 이름을 고민하는 일일 것이다. 나도 그랬다. 만화책을 좋아하던 나는 〈원피스〉 같은 만화에서 스페인어를 많이 접했던 터라 스페인어에서 좋은 단어를 찾아보기로 했다.

기존 스포츠웨어 브랜드들의 이름을 보면 무척 액티브하고 스피디하며 강렬한 느낌을 주는 경우가 많다. 하지만 나는 요가복 브랜드인 만큼 그렇게까지 동적인 느낌은 적합하지 않다고 생각했다. 그렇다고 해서 너무 정적이어서도 안 된다. 운동복은 운동복이니까. 뛰는 것도 아니고 그렇다고 가만히 서 있는 것도 아닌, 그 중간 어디쯤에 해당하는 단어를 찾아야 했다.

그렇게 찾은 단어가 바로 안다르andar였다. 'andar'는 스페인어로 '걷다, 거닐다'라는 뜻이다. 일상을 거닐고 산책하듯 살아간다. 내가 생각하는 운동의 가치를 잘 말해주는 것 같았다. 게다가 스펠링에 내 이름 신애련의 약자인 A와 R도 있으니 왠지 느낌이 좋았다. 그래, 이거다!

그렇게 긴 고민 끝에 딱 맞는 브랜드명을 찾을 수 있었고 일사천리로 직접 포토샵으로 로고도 만들었다. 내가 어떤 걸 만들고 싶은지 생각하며 브랜드 네이밍을 고민했던 그때가 창업을 준비하며 가장 즐거웠던 순간 같다. 또 브랜드 네이밍을 고민하며 내가 생각한 제품의 이상적인 모습을 그리는 데도 도움이 됐다.

2장

이번 생에 창업은 처음이라

아무것도 없지만,
두 발은 있다

내가 '패션'의 '패'자도 모르고 스포츠 브랜드나 아웃도어는 물론이고 패션업체나 제조업체에서 일해본 경험도 없었다고 말하면 "에이, 설마…"라는 반응을 보이는 사람이 많다. 그래도 뭔가 공부를 했거나 아는 건 좀 있었겠거니 생각하는 것이다. 하지만 창업 당시의 나를 봤다면 '어쩌려고 저러나' 고개를 저었을지도 모른다. 그만큼 사전 지식이 없는 상태에서 바닥부터 하나하나 몸으로 부딪쳐가며 돌파해나갔다.

한걸음 한걸음 앞으로

요가복이 불편하니 내가 만들어보자. 여기까지는 누구나 할 수 있는 생각이다. 하지만 생각을 현실화한다는 것은 전혀 다른 문제다. 일단 옷을 만들려면 원단을 찾아야 하고 봉제공장도 찾아야 하는데, 아는 데가 어디 있었겠는가. 정보도 인맥도 없으니 직접 찾아 나서는 수밖에 없었고, 아는 게 전혀 없으니 하나부터 열까지 물어보는 수밖에 없었다.

먼저 원단을 찾으려면 어디를 가겠는가. 그렇다. 나도 누구나 생각하듯 우리나라 원단이 모두 모인다는 동대문 원단 시장으로 무작정 갔다. 그런 시장에서는 질문을 하면 초짜인 게 티가 나서 무시를 당한다고 하던데, 그땐 그런 것도 몰랐다.

"저… 요가복 만들 원단 찾는데요."

"우린 그런 거 없어요."

돌아오는 건 싸늘한 대답. 대꾸라도 해주면 다행이었다. 눈길 한 번 안 주고 문전박대하기 일쑤였다. 원단 상인들은 나를 원단 샘플을 얻으러 온 패션디자인과 학생으로 생각하는 것 같았는데, 사실 나는 학생들보다 훨씬 더 아는 게 없었다.

　한 달 가까이 원단 시장을 샅샅이 돌아다니며 묻고 또 물었다. 요가강사로 일하고 있었기 때문에 요가 수업이 없는 시간에는 무조건 원단 시장으로 향했고 '기능성'이라고 쓰여 있는 매장은 전부 가봤다. 요가복을 직접 입고 가서 "이런 거 만들고 싶어서요"라고 하면 꺼내주는 원단은 신축성 없는 우븐 원단, 늘어나긴 하는데 다시 돌아오지 않는 모달 원단 등 엉뚱한 것뿐이었다. 요가복 시장이 아예 형성되어 있지 않았던 것이다. 그런 현실을 보니 또다시 막막했지만 한편으론 이런 생각이 들었다.

　'이 시장을 개척하면 가능성이 있겠다!'

　원단을 찾아 헤맨 지 3주쯤 되었을 때였다. 늘어선 원단 가게들의 가장 끝, 비상구 쪽에 위치한 작은 가게에서 드디어 원단을 찾았다! 사실 그 가게는 그동안 보고도 지나친 곳이었다. 구석에 있는 작은 가게이기도 하지만 원단에 모두 나염이 찍혀 있었기 때문이다. 무지 요가복 일색인 우리나라에는 당연히 무지 원단밖에 없을 거라고 생각했다. 그러니 패턴이 들어간 나염 원단이 있는 곳은 아예 가볼 생각도 안 한 것이다. 찾고 또 찾다가 한계에 다다르자 그곳까지 가보았는데 요가복을 만들 수 있는 원단이 있었다.

요가복을 만들 원단을 찾은 것도 기쁜데 패턴까지 있다니! 드디어 한 줄기 빛이 내려오는 듯했다. 물론 그곳의 원단도 완전한 기능성 원단은 아니었지만 그것만 해도 감지덕지였다. 요가복을 만들 거라고 하니 그 가게에서도 반가워했다. 드디어 산 하나를 넘은 느낌이었다.

없으면 같이 만들어보지 않을래요?

산 넘어 산이라고 하던가. 이제 원단은 찾았고, 다음은 봉제공장을 찾을 차례다. 요가복 시장이 전혀 형성되지 않은 상태였으니 원단은 물론이고 봉제도 개척해야 하는 상황이었다. 이번에는 봉제업체들이 모여 있다는 면목동을 헤집고 다녔다. 또다시 무작정, 구석구석 돌면서 하나하나 물어보기 시작했다. 처음 한 군데 들어가서 물어봤다.

"여기 뭐 만드는 데예요?"

"속옷 만드는 데예요."

요가복은 안 만드냐고 물어보니 안 만든단다.

"그럼 어디 가야 해요?"

"오드람프 하는 데 가세요."

오드람프…? 요가복 봉제를 할 때는 '오드람프'라는 기능성 봉제기법이 들어간다고 한다. 오드람프 봉제를 한 옷은 원단과 피부에 쓸리는 현상이 없어서 격한 활동을 해도 착용감이 좋다.

단서를 하나 찾았으니, 그다음부터는 창문에 '오드람프'라고 쓰여 있는 공장을 찾았다. 봉제업체들은 업체 이름이 아니라 본인들이 할 수 있는 봉제 방식을 창문에 적어놓는다는 것도 알게 되었다. 그런 곳을 찾으면 문을 열고 들어가서 다짜고짜 요가복을 만들어줄 수 있느냐고 물었다.

"우린 등산복밖에 안 해요."

"그럼 늘어나는 원단 봉제 하는 곳은 어떻게 찾아요?"

"수영복 하는 데 가보세요."

수영복 하는 곳엘 찾아갔더니 또 오드람프는 안 한단다. 비싸기도 하고 기술도 없다는 것. 그럼 도대체 요가복은 어디서 하나요?

"래시가드랑 비슷한 것 같은데 래시가드 하는 데 찾아봐요."

물어물어 래시가드 봉제를 한다는 곳까지 갔다. 가보니 때마침 래시가드는 비수기였다. 그때가 여름이었는데 여름에 주로 입는 래시가드는 여름 전에 생산이 다 끝나기 때문이다. 그 봉제공장은 여자 사장님과 남자 사장님이 함께 운영하는 곳이었다. 요가복을 만들고 싶다고 했더니 돌아오는 답은 역시 'NO'

였다.

"우린 래시가드밖에 안 해봐서…."

하…, 이제 더 가볼 데도 없을 것 같은데. 여기서 끝인가, 결국 안 되는 건가. 오만 가지 생각이 들었다. 미로 속을 걷고 또 걸었는데 결국 도착한 곳이 막다른 길인 느낌. 그대로 돌아서기에는 도저히 발걸음이 떨어지지 않았다. 그래도 이곳 사장님들은 꽤 호의적인 느낌이었다. 젊은 사람이 애쓴다며 나를 바라보는 흐뭇한 표정, 그게 마지막 희망이라고 생각했다.

뭔가에 홀린 듯 사장님을 붙들고 설득을 시작했다. 우리가 요가복을 시작하려는데 요가복 시장이 엄청나게 크다, 우리나라는 아직 엄청난 블루오션이고 앞으로 사람들이 요가복이나 이런 기능성 웨어를 많이 입을 텐데 우리나라에서 만들어주는 데도 없고 원단도 없다….

"그러니까 사장님이 해보시면 어때요?"

내가 이 일을 시작한 이유와 마음가짐, 그 모든 것을 피를 토하듯 쏟아낸 것 같다. 누군가에게 그토록 애절하게 매달려본 건 처음이었다. 내 작은 꿈이 이대로 좌절되느냐 마느냐 하는 기로였으니까. 대답을 기다리는 몇 초가 몇 시간처럼 느껴졌다. 사장님도 그 짧은 순간 많은 고민을 했으리라. 잠시 생각하던 여사장님이 마침내 입을 열었다.

"그럼 우리가 한번 만들어볼게요."

선뜻 나서주신 데다 여사장님은 봉제에 대해 참 많이 공부하고 노력하던 분이었으니 나에게는 귀인이 따로 없었다. 사장님은 "젊은 친구가 기특해서…"라고 말했지만, 항상 새로운 것을 연구하는 분이었기에 이 시장의 가능성을 알아본 것이 아닐까 하는 생각도 든다.

내가 입어서 만족할 때까지

험난했던 공장 탐험은 끝이 나고 이제부터는 봉제공장 여사장님과 머리를 맞대고 연구하기 시작했다. 우리 집이 있는 일산에서 면목동까지 2시간 반, 왕복 5시간이 걸렸지만 매일 공장에서 살다시피 하면서 요가복에 적합한 봉제법을 고민하고 시도했다.

제품을 생산하기 위해서는 샘플을 만들어야 하고, 샘플을 만들기 위해서는 봉제업체에 샘플 작업지시서를 주어야 한다. 그런데 우리는 디자이너가 없었으니 작업지시서를 만들기도 힘들었다. 그래서 내가 택한 방법은 원하는 요가복을 입고 가는 거였다. 그러고는 내 옷을 가리키며 "이렇게 만들어주세요"라고 했다. 어찌 보면 무모하고 업체 입장에선 황당할 수 있는 요청이었을 텐데, 사장님은 오히려 눈을 반짝이며 옷을 뒤집어보고 잡아당겨봤다.

"이게 뭐야? 이걸 어떻게 만든 거야? 우씨, 우리도 해보자!"

이렇게 '쿵짝'이 잘 맞았으니 함께 '으쌰으쌰'하며 기술을 개발하는 과정이 힘들기보다 즐거웠다.

"새로운 봉제 기술이 있어요, 사장님! 이거 보세요. 이 브랜드에선 이렇게 한대요."

유명하다는 요가복은 물론이고 스포츠웨어, 수영복, 속옷까지 가져갔다. "착용감은 속옷처럼 나오되 디자인은 수영복처럼 해주세요"라고 하면 사장님은 어이가 없다는 듯 헛웃음을 터뜨리기도 했지만 이내 진지하게 임해주었다. 열심히 조사를 해서 새로운 봉제법을 들고 갈 때마다 사장님은 귀찮아하는 게 아니라 오히려 기뻐하면서 즉시 연습에 돌입했다. 옷이 늘어나지 않도록 삽입하는 모빌론 테이프를 3밀리미터짜리를 써봤다가 안 되면 5밀리미터짜리를 써봤다가, 그것도 안 되면 원단의 신축성을 체크해보고…. 조금이라도 더 편한 착용감을 만들어내기 위해 수십 가지 변수를 조정하며 해답을 찾아나갔다. 사장님은 '안다르'라는 브랜드를 함께 만들어줘야겠다는 일종의 사명감을 가졌을뿐더러 시장성을 봤을 때 결코 헛된 시도는 아닐 거라는 감도 있었던 것 같다.

첫 번째 고객은 바로 나

매번 옷을 입어보고 테스트해보는 건 바로 나였다. 하루에 50번도 넘게 갈아입으면서 미묘한 차이를 잡아냈다. 공장에 탈의실이 있을 리 만무했고 2시간 반 걸리는 집까지 가서 갈아입어볼 수도 없으니 조그마한 책상 밑이 내 탈의실이었다. 남자 직원들한테 나가 있으라고 하기도 미안하고 시간도 없으니 그냥 계시라고 한 다음 책상 밑으로 몸을 구겨 넣었다. 그땐 한창 강사를 할 때니 어찌나 유연했던지 성인 한 명이 들어가기 힘든 책상 밑에서 용케 옷을 갈아입었다. 그동안 요가를 한 게 이렇게 빛을 보는구나 싶었다.

몇 주 후 드디어 샘플이 탄생했다. 보통 샘플은 샘플실에서 만들어 봉제공장에 가져가는데, 봉제공장에서 샘플을 만든 업체는 아마 내가 유일무이하지 않을까. 그렇게 사업자등록을 한 지 3개월 만에 드디어 내가 만든 첫 요가복이 세상에 나왔다. 상의 4벌과 하의 4벌을 12가지 패턴으로 만들어 48가지 스타일, 총 96벌이었다. 완벽하게 성에 찬 건 아니었지만 그래도 이

▲ 초기 안다르의 운동복. 당시에는 요가 전문가라면 화려한 패턴의 수입 요가복을 입는 게 트렌드라 그 점을 공략해 디자인했다.

제껏 입던 요가복에 비하면 내가 입고 수업을 하기에 부족함은 없었다. 게다가 당시 할 수 있는 건 다 해봤으니 후회는 없었다. 다들 폴리에스테르를 쓰라고 하는데 착용감이 더 좋은 나일론을 고집했고, 무지 원단을 권했지만 무늬를 넣겠다는 의지를 실현했다. 편안한 착용감과 다양한 패턴이라는 나의 1차 목표는 달성한 것이다.

전화 5천 통이
만든 변화

옷을 만들었다는 기쁨도 잠시, 이제 이 옷들을 팔아야 하는
데…. 봉제공장 대금도 옷을 팔아서 주겠다고 약속해놓은 상태
였다. 제품을 어디에, 어떻게 판매할 것인가 머리를 싸맸다.

매장은 당연히 생각할 수도 없었기에 우선 인터넷 쇼핑몰을
만들고 내가 직접 모델을 했다. 자연을 배경으로 요가하는 모
습을 찍겠다고 제주도까지 가서 승합차를 빌려 옷을 싣고 여기

저기 다니며 촬영을 했다. 도와주는 스태프도 없었고 메이크업도 하지 않은, 어찌 보면 날것 그대로의 촬영이었지만 내가 만든 옷을 입고 요가 포즈를 취하다니, 감개무량했다. 바위 위에서 요가 포즈를 잡다가 떨어질 뻔한 적도 있었고 여름이라 뜨겁게 달궈진 현무암에 손이 익고 등이 타들어가도 내 인생에서 정말 멋진 순간이었다.

온라인에 가게를 열다

그렇게 열심히 온라인 쇼핑몰을 만들기 위해 준비했다. 전문 모델도 섭외하긴 했지만 초기에는 자금이 많지 않은 데다가 레깅스의 애매한 포지션 때문에 모델 구하기가 쉽지 않았다. 모델 에이전시에서는 레깅스를 속옷으로 분류해 속옷 모델을 제안했지만 안다르가 추구하는 감성과는 잘 맞지 않았기 때문이다.

결과적으로 나와 해외 모델이 촬영한 화보로 쇼핑몰을 만들긴 했는데, 가만히 기다린다고 해서 사람들이 온라인 쇼핑몰에 들어와줄 리는 없었다. 그렇다고 광고를 할 돈도 없으니, 어떻게 하면 사람들이 우리 쇼핑몰에 들어가보게 만들 수 있을까

▲ 처음에는 내 손으로 개발한 제품을 직접 입고 촬영해 브로슈어를 만들었다.

머리를 싸맸다. 그러다 떠오른 게 요가원 안에는 요가복을 파는 가게가 꼭 하나씩 있다는 사실! 그런 매장들에 홍보를 하면 요가원에 오는 강사들과 회원들에게 우리 옷을 알릴 수 있을 것 같았다. 요가강사들이 입으면 회원들도 따라 입는 경향이 있고 실제로 나도 그러지 않았나! 회원들과 요가복 공동구매를 하는 강사들도 있었다. 요즘으로 치면 강사들은 오프라인 인플루언서라서 본인이 입어보고 옷만 괜찮으면 회원들에게 적극적으로 추천할 게 자명했다.

'요가원들에 홍보를 해서 쇼핑몰에 들어와보고 구매하도록 유도하자.',

이런 생각으로 포털사이트에서 요가원이나 필라테스 학원을 검색해봤다. 아니, 그런데 우리나라에 요가원이 이렇게 많다니. 전국에 오천 몇백 개가 있다고 나왔다. 그 많은 곳을 다 찾아갈 수도 없는 노릇이니, 인터넷에 뜬 전화번호로 일일이 전화를 하기로 했다.

영업이 쉽지는 않구나

5,000개가 넘는 전화번호 리스트를 쭉 뽑아서 맨 위에서부터

전화를 걸기 시작했다. 일종의 전화 마케팅인 셈인데, 그런 건 해본 적도 없으니 떨리고 무섭기도 했다. 말할 내용을 미리 종이에 적은 다음 동생한테 전화를 걸어서 리허설을 했다. 그러고도 좀처럼 용기가 나지 않아서 애꿎은 집 안 청소만 엄청나게 했다. 앉아서 전화를 돌리려고 보면 책상이 너무 지저분한 것 같아서 책상 정리를 하고, 또 전화를 하려고 보면 세탁기가 돌고 있으니 빨래가 끝나면 하자며 미뤘다. 그렇게 미루고 미루다 해가 지기 시작하면 내일 하자고 또 미뤘다.

하지만 언제까지고 미루기만 할 수는 없는 일. 어차피 내가 해야 할 일이라면 용기를 내자. 무작정 원단 가게와 봉제공장을 찾아 헤맸던 것처럼 무작정 전화를 걸기 시작했다. 처음엔 힘들었지만 전화를 할수록 편안해졌고 스킬도 향상되었다.

"아, 안녕하세요, 저는….."

"아, 네네."

대부분 전화를 하면 처음에는 회원이라고 생각해서 친절하다. 문제는 이다음부터다. 전화를 끊을 틈을 주지 않으려면 멈추지 않고 빨리 말해야 한다.

"저희는 새로 론칭한 브랜드 안다르라고 하는데. 저희가 론칭 기념 50퍼센트 할인행사를 하거든요."

센터들을 대상으로 프로모션을 한다고 하면 끊으려다가도

"어딘데요?"라고 관심은 보인다. 그러면 쇼핑몰 주소를 알려줬다. 센터에 전화를 하면 70~80퍼센트는 쇼핑몰까지 들어갔고, 그중 절반 이상이 호의적인 반응을 보였다. 일단 기존 요가복과 달리 패턴이 들어가 있으니 깜짝 놀라며 반가워하는 사람이 많았다.

"아니, 이게 얼마라고요?"

정가 5만 9,000원짜리 요가복을 20만 원 이상 구입하면 3만 1,000원에 판매한다고 하니 착한 가격에 더 열광했다. 사실 처음에는 도매로 팔 생각을 했기 때문에 가격을 더 낮추고 싶었지만 아무래도 처음 시도하는 봉제법 등이 가격이 나가서 쉽지 않았다. 신생 브랜드이니 가격을 낮춰야 경쟁력이 있다고 판단하기도 했지만 요가강사들 수입을 뻔히 알기에 더 합리적인 가격으로 공급하고 싶다는 욕심도 있었다. 마진을 많이 남기는 것보다는 더 많은 사람이 우리 옷을 입는 것이 더 중요하다고 생각했다.

전화 영업에서 방문판매까지

아침에 눈을 뜨면서부터 잠자기 전까지, 밥 먹는 시간만 빼고 하루 종일 전화만 돌렸다. 물론 그중에는 냉담한 반응도 있었지만 받는 사람 입장에서는 스팸전화가 온 것이니 이해가 안 가는 것은 아니었다. 간혹 심하게 화를 내는 사람이 있으면 전화번호 옆에 메모해놓았다.

'화냄, 전화하지 말 것.'

그래도 전화 영업을 시작한 지 며칠이 넘어가니 거의 AI 수준이 되었다. 처음에는 써놓고 읽던 멘트가 자동으로 흘러나왔고 응대하는 기술도 꽤나 유연해졌다. 매일 아침 눈을 뜨면 빼곡히 적힌 전화번호 리스트를 놓고 전화를 들었다. 그날도 여느 날처럼 한 요가원에 전화를 걸고 안다르 쇼핑몰에 들어가서 한번 보시라고 소개를 했더니 이런 답이 돌아왔다.

"입어봐야 알지 인터넷으로 봐서 어떻게 알아요."

아, 그럴 수 있겠구나. 하긴 나도 인터넷으로 옷 잘 안 사잖아? 그럼 직접 가서 옷을 보여주면 되지 않을까? 요가원의 위치를 얼른 찾아보니 평택이었다. 당시 우리 집이 있던 일산에서 대략 2시간…. 멀다. 하지만 가야 한다.

"그럼 지금 당장 그리로 갈게요."

창업 멤버와 함께 그대로 일산에서 평택까지 바로 달려갔다. 옷을 보여주면서 열의를 가지고 설명하니 반응이 나쁘지 않았다. 그다음부터 전화 멘트를 하나 더 추가했다.

"원하시면 저희가 방문해서 직접 보여드리고 착용을 해보셔도 됩니다!"

그때부터 수도권 지역에는 직접 찾아가서 영업을 하기 시작했다. 몇 군데나 갔는지 기억도 안 날 정도로 참 많이 다녔는데 영업에 실패한 곳은 딱 한 군데밖에 없었다. 일단 제품이 좋아야 하고, 이 제품이 왜 좋은지 진심을 가지고 전하면 면전에서 내치는 사람은 극히 드물다는 것을 알게 되었다. 가진 게 없어도 내가 팔고자 하는 제품에 자부심과 확신을 가지고 진실성을 보이면 통하는 일이 의외로 많다. 아무것도 모르던 내가 옷을 만들어 팔기까지의 과정이 모두 그랬다. 어차피 사람이 하는 일, 그 어떤 마케팅이나 영업 기술보다 진심과 태도가 중요할 때가 많다.

이런 노력은 바로 실적으로 이어졌다. 판매가 저조한 날도 있었지만 많을 때는 하루에 2,000만 원의 매출이 나기도 했다. 예상대로 강사들은 입소문의 진원지가 되었다. 또 내가 아는 강사들에게 제품에 대한 자문을 구하기도 해서, 요가강사들은 초창기 안다르가 자리를 잡는 데 고마운 역할을 해주었다. 요가원들에서 피드백이 바로바로 왔기에 불만이 접수되면 계속해서 개선하며 추가 제작을 했다.

계속 재주문이 들어오니 그 물량을 대느라 바빴고, 그러다 보니 인력도 더 필요해졌다. 집을 더 큰 평수로 옮겼다가 더 이상 집에서 일을 하기도 힘들어져서 사무실 겸 물류창고를 얻고 직원들을 뽑았다. 디자이너를 비롯해 유통·판매 인원을 늘렸다. '옷을 만들었으니 만든 것만이라도 팔자'는 생각으로 시작한 것이, 6개월 만에 8억 9,000만 원의 매출을 올리기에 이르렀다.

착용감이 곧 디자인이다

　나는 패션이나 디자인과는 거리가 먼 사람이었다. 아니, 아예 관계가 없는 사람이었다. 어떤 디자인이든 디자인이란 것을 배운 적도 없고 특히 패션 디자인에 관해선 전혀 아는 것이 없었다. 패션업계에서 아웃사이더 그 자체인 내가 처음에는 디자이너도 없이 옷을 만들었고 6개월 만에 8억 원이 넘는 매출을 올렸다. 그게 어떻게 가능했을까?

내가 생각한 디자인은 외적인 면만 의미하지는 않았다. 겉으로 보기에 아무리 아름다워도 불편한 옷을 일상적으로 입기엔 한계가 있다. 특히 기능성 웨어는 몸에 밀착되는 특성상 피부로 느끼는 착용감이 곧 디자인이라고 생각했다. 즉 착용했을 때 편안한 느낌을 주는 형태가 내가 생각하는 디자인의 시작이다. 아무리 보기에 좋고 예쁘더라도 입어서 불편하면 그건 적어도 기능복에 있어서는 아무런 의미가 없다고 본다. 누구든 입었을 때 마음에 들어야 하고 편안해야 한다.

많은 사람이 불편함을 당연하게 여긴다. 예를 들어 레깅스는 원래 불편하고 답답한 것이려니 생각하고, 운동할 때 입는 브라탑도 가슴을 잡아줘야 하니 불편한 게 당연하다고 생각한다.

하지만 운동을 하는 시간은 나 자신에게 가장 집중해서 나를 들여다보는 시간이다. 온전히 나에게 집중해서 몸을 움직인다. 평소 하지 않는 동작을 하고 쓰지 않는 근육을 쓰면서 하루 중 크게 움직이는 시간이기도 하다. 24시간 중 단 한두 시간에 불과한 이 짧은 시간은 그래서 소중하고 특별한 시간인데, 이때 입는 옷이 당연히 불편하다는 생각은 대체 어디서 나온 것일까. 불편한 게 당연하다는 건 또 누가 정한 것인가. 나는 그 당연함의 개념을 바꾸고 싶었다. 진짜 당연한 건 이런 거라고, 이렇게 입었을 때 편안해야 하는 거라고.

운동복은 편하면서 안정적이어야 한다. 그게 가능하다는 걸 나는 요가강사로 일할 당시 이미 경험한 터였다. 애슬레저로 명성이 높은 해외 브랜드의 요가복을 처음 입었을 때 그 감동을 아직도 잊지 못한다. 이게 진정한 명품이구나 싶었다. 디테일한 부분까지 입는 사람을 배려하고 그야말로 한 땀 한 땀 만들었다는 게 온몸에 느껴져서 전율이 일 정도였다. 그런 옷은 5년, 10년을 입어도 입을 때마다 감동이다.

그런데 왜 우리나라에는 그런 옷이 없을까. 합리적인 가격에 좋은 품질의 요가복을 입을 수는 없을까. 이왕 시작한 거, 그런 옷을 만들고 싶었다. 디자인을 배운 것도 아니고 아는 것도 없었지만 요가복이 어떠해야 하는지는 잘 알고 있었다. 그런 내 생각을 실제 옷으로 구현했기에 입는 사람들도 이런 평가를 많이 해주었다.

"안다르 옷을 입으면 뭔지 모르게 편해요. 그러면서도 몸을 잘 잡아줘요."

옷은 결국 사람이 입는 것이니 옷보다 인체에 집중했다. 어떤 형태가 사람의 몸을 편안하면서도 보기 좋게 감싸줄 것인가. 사람의 몸만큼 아름다운 것은 없으니 착용하기 편하고 활동하기 좋은 형태를 찾으면 그게 곧 디자인이다. 또한 사람들이 편하게 입으면 그게 곧 아름다움이다.

일상에서 더 편한 옷

그렇게 만든 옷은 창업한 지 4개월쯤 되었을 즈음엔 다 팔렸다. 이제 신제품을 만들어야 하는데, 단순히 내가 입고 싶은 옷을 만들었던 첫 시도와 달리 안다르가 어떤 옷을 세상에 내놓아야 할까에 대해 더 깊이 고민하게 되었다. 처음에는 요가강사나 운동을 하는 사람들을 생각하며 옷을 만들었다면, 많은 사람이 운동을 하고 싶게 만드는 옷을 만들고 싶다는 생각이 점점 강하게 들었다. 일상에서도 입을 수 있는 운동복이 더 보편화되면 운동하는 분위기도 강화될 것이니까.

그렇다면 어떻게 해야 사람들이 안다르 옷을 입게 만들 수 있을까? 사람들이 처음 레깅스를 입었을 때 뭐가 불편한지, 왜 레깅스를 입으면 민망하다고 하는 건지를 고민했다. 레깅스가 속옷처럼 보인다는 게 큰 이유였는데, 그렇다면 레깅스를 바깥으로 드러내도 민망하지 않을 디자인을 해보자.

요즘은 하의로 레깅스만 입고 다니는 사람이 많이 보이지만 이전엔 레깅스만 입는 것을 부담스러워하는 사람이 훨씬 많았다. 레깅스만 입는 것을 민망하다고 느꼈기 때문이다. '왜 사람들이 레깅스를 부담스러워할까'라는 생각을 많이 했다. 레깅스가 속옷처럼 보이는 문제를 해결해야 한다고 생각했다. 그 장벽을 부숴야 사람들이 레깅스를 더 편하게 많이 입을 것이기 때문이다. 외국에서는 레깅스를 그냥 바지처럼 일상적으로 입는 사람이 많은 데 비해 우리나라에서 레깅스를 부담스러워하는 건 문화적인 요인이나, 익숙하지 않기 때문도 있겠지만 디자인적인 이유도 크다고 생각했다.

레깅스를 보면 봉제선이 밖으로 보이는 경우가 많다. 안다르 역시 처음에는 '오드람프'라는 봉제를 레깅스의 중심과 가장자리에 넣었다. 그런데 이 봉제선 때문에 레깅스를 입었을 때 내의 같다는 느낌을 주게 된다. 또 Y존이 두드러져 민망한 느낌을 주는 것이다. 그렇다면 봉제선을 없애자! 무턱대고 회사의 생산팀장님에게 봉제선을 없애 달라고 요청했더니 팀장님은 단호하게 말했다.

"그건 안 되죠."

나는 한번 해보기라도 해달라고 사정했고 기어코 제품 개발에 들어갔다. 팀장님 말처럼 그건 정말 간단한 일이 아니었다. 봉제선은 옷의 중심을 잡아주는 선인데 이걸 없애려니 옷이 뒤틀리고 착용감도 이상해졌다. 그래도 포기하지 않았다. 고쳐서 입어보고, 다시 고쳐서 또 입어보고… 거의 매일 내가 직접 입어봤으니 한 230번은 QC(품질관리)를 본 것 같다. 별거 아닌 것 같은 그 선 하나 없애는 데 1년 가까이 걸렸다.

마침내 2018년 Y존 무봉제 레깅스인 '시리 레깅스'가 출시되었고 이 제품은 '대란템'으로 불릴 정도로 큰 인기를 끌었다. 요즘 많은 사람이 레깅스만 착용하고 편히 거리를 활보하게 된 것도 이런 안다르의 노력이 일조하지 않았을까.

디자인에 관해 잘 몰랐기에 어쩌면 나는 더 용감하게 새로운 시도를 할 수 있었는지도 모른다. 전문가가 보기에는 내가 잘 몰라서 막무가내라고 생각할지도 모르겠다. 또한 생산팀장님처럼 으레 안 되는 일이라고 생각하고 시도조차 안 할지도 모른다. 왜? 이전엔 한 적이 없으니까. 하지만 나는 지금까지 업계에서 혹은 전문가가 어떻게 해왔는지는 중요하지 않았다. 정말 안 되는지는 해봐야 아는 것 아닌가. 그리고 실제로 해봤을 때 안 되는 일은 없었다. 한 번에 잘되진 않을지 몰라도 여러 번 시도하고 고민하면서 서서히 목표한 바에 가까이 갈 수 있었다.

아웃사이더였기에 용감했고 일반 소비자의 눈으로 옷을 보고 느꼈기에 전혀 새로운 해법도 나올 수 있었다. 그 해법은 역시 디테일에 있었다. 사람들이 착용했을 때 편안함을 느끼는지 아닌지는 결국 디테일이 결정하기 때문이다.

0.2퍼센트 디테일을
따지는 '프로불편러'

신제품을 만드는 과정에서 안다르는 회사 내에 제품을 테스트하는 평가단은 물론 외부에서 자문을 구하기도 하며, 여러모로 옷에 관한 피드백을 많이 받는다. 그런 과정이 분명 큰 도움이 되고 있지만 나만큼 예민하게 느끼는 사람은 많지 않은 것 같다. 그래서 우스갯소리로 나 자신을 '프로불편러'라고 부른다. 아주 사소한 불편함도 예민하게 느끼기 때문이다. 보통은

'왜 저런 것까지?' 하는 것을 나는 디테일 사이코처럼 집착하고 고친다.

처음부터 그랬다. 몸을 불편하게 죄는 요가복을 개선하고 싶어 요가복 시장에 뛰어들었다. 그런데 시중에 있는 원단으로는 내가 만족할 만큼 착용감이 좋은 요가복을 만들기가 힘들어 보였다. 당시 스포츠웨어에는 '서플렉스Supplex'라는 원단이 유행하고 있었다. 서플렉스는 면처럼 부드러운 촉감을 지닌 원단이다. 그런데 서플렉스도 완전히 만족스럽지가 않았다. 좀 더 가벼웠으면 좋겠고, 몸에 더 달라붙으면서 편했으면 좋겠다는 생각이었다. 그리고 면과 같은 느낌이 나서 일상복과도 잘 어울리길 바랐다. 기존 스포츠웨어의 레깅스는 일상복인 면티나 원피스에 받쳐 입기가 힘들었기 때문이다. 일반 패션 레깅스는 기능성이 없어서 오래 입지 못한다. 일상복과 잘 어울리면서 기능성까지 갖춘 레깅스여야만 일상적으로 운동을 즐길 수 있을 것이라고 생각했다.

창업 초기만 해도 원단 개발은 꿈도 못 꾸던 일이었고 큰 업체들이 좋은 원단을 다 가져가면 남은 원단에서 겨우 고를 때도 많았는데, 이제 안다르만의 원단을 개발할 정도로 성장했다는 사실이 기뻤다. 이왕 개발하기로 한 건데 더 질 좋은 원단을 우리 스스로 개발하고 싶어 불타올랐다. 나와 있는 원단들 중에 고르는 것이 아니라 능동적으로 우리가 원하는 원단을 제작하기 위해 본격적으로 원단업체와 머리를 맞댔다.

앞서 말했듯 가벼우면서 더 밀착되고 그러면서 편안해야 하는 등, 안다르만의 기준을 세워 꼼꼼하게 테스트해나갔다. 수많은 시행착오 끝에 드디어 내 맘에 드는 원단이 나왔다. 산뜻하면서도 면과 같은 촉감을 느낄 수 있으며 무겁지 않지만 기능성은 있는, 이 원단의 이름을 '에어코튼'이라고 붙였다. 안다르에서 최초로 개발한 원단인 에어코튼으로 만든 레깅스는 크게 히트를 쳤고 안다르의 시그니처 제품이 되었다.

그다음에는 에어코튼의 단점을 보완해 좀 더 나은 제품을 출시하고 싶었다. 이때 중점을 둔 것은 무광택이어야 한다는 것이었다. 광이 나는 소재로 만든 레깅스를 입으면 하체가 더 부각되어 보이고 일반 면티셔츠와 잘 어울리지 않기 때문이다. 그러면서 시원하고 탄탄한 조직이어야 하고 속이 비치지 않아야 하며 잘 잡아주면서도 편안해야 하고…. 이렇게 내가 원하는 조건을 나열했더니 10가지 정도가 되었다. 10가지 조미료를 가지고 수천 가지 맛을 낼 수 있듯이 10가지 조건을 어떻게 배합하느냐에 따라 수많은 종류의 원단이 나올 수 있다.

1년 가까운 시간 동안 연구를 거듭한 끝에 드디어 만족스러운 원단을 품에 안을 수 있었다. 이 원단에는 '에어쿨링'이라는 이름을 붙였다. 에어쿨링 레깅스는 출시 2개월 만에 50만 장의 판매 기록을 세웠다.

호수의 백조는 물에 뜨기 위해 끊임없이 발을 놀린다고 한다. 안다르 역시 겉으로 볼 때는 마냥 승승장구한 것 같지만 그 안에는 끊임없는 노력이 있었다. 언제나 원칙은 같았다. '이전의 제품보다 좋은 제품을 만든다.' 올해 만드는 레깅스는 작년보다 좋아야 했다. 내년에 나올 레깅스는 올해보다 좋을 것이다. 창업 후 안정됐다고 생각해 좀 게을러지기 시작하면 바로 가라앉는다. 쉴 새 없이 발을 놀리는 것, 살아남기 위한 원칙이자 꿈을 향한 열정을 간직해야 하는 이유다.

당연한 불편함을 없애는 것이 혁신

기업의 혁신이 중요하다는 것을 부정하는 사람은 없을 것이다. 혁신이 없으면 성장도 없기 때문이다. 그래서 다들 '혁신, 혁신' 하지만 혁신이라는 것이 그리 거창한 것만은 아니라고 생각한다. 혁신은 의외로 아주 작은 곳에서 나오는 것인지도 모른다.

사람들이 당연시하던 불편함을 개선하는 게 바로 혁신일 것이다. 개선할 점은 백사장의 모래알처럼 많다. 당장 길을 걸어 가다가도 나는 사람들을 곧잘 관찰한다. 저 사람은 왜 우리 옷을 안 입을까, 어떤 옷을 만들면 입을까. 운동하러 가도 다른 브랜드를 입은 걸 보면 그 브랜드의 어떤 게 좋아서 저 사람이 저 브랜드를 선택했을까 고민한다. 고민에서 그치지 않고 그 브랜드의 옷을 직접 입어보고 좋은 게 있으면 참고한다.

좋은 것은 수용하고 조금이라도 불편한 점이 있으면 그냥 넘기지 않는다. '이것쯤이야 참고 입지, 뭐' 하며 넘기다 보면 어느 순간 불편함을 불편으로 느끼지 못하게 되는 경우도 많다. 불편함에 익숙해지지 않도록, 그것을 당연하게 여기지 않도록 항상 민감하게 촉을 세우고 반응하려고 한다.

이처럼 아주 디테일한 곳에 천착해서 조그마한 불편함도 개선하려는 노력이 안다르만의 시그니처 원단과 제품들을 탄생시키고 있다. 안다르의 원단은 발전을 거듭해왔고 R&D 센터에서는 더 나은 원단을 개발하기 위한 노력이 지금도 계속되고 있다. 내 손끝으로 원단을 만지고 비비는 순간은 언제나 처음처럼 설레고, '이것으로 무엇을 만들까' 상상하는 시간이 너무나 즐겁다.

요가복 원단 시장조차 성립되어 있지 않던 불모지에서 요가복을 만들기 시작했는데 우리가 원하는 모든 디테일을 충족시킬 원단을 개발하고, 그것을 계속 발전시키는 데까지 이르렀으니 참 감개무량할 때가 많다. '이런 원단으로 만든 요가복이 있었으면 좋겠다'라고 꿈만 꾸던 일을 내 손으로 하나씩 만들어 나가고 있다. '이 정도면 됐지'라고 생각하고 기존에 있는 것에 만족했다면 결코 있을 수 없는 일이었을 것이다.

컬러 맛집,
안다르

착용감만큼 중요하게 생각한 것은 패턴과 컬러였다. 당시 국내 요가복은 대부분 패턴이 없는 무지에 블랙, 네이비, 차콜 등 무채색 일색이었다. 누구나 무난하게 입을 컬러를 안전하게 생산한 것이다. 그래서 요가 수업을 하다 보면 한 반에 똑같은 옷을 입은 사람이 네다섯 명 될 정도였다.

운동하는 사람들이 무난한 무채색만 고를 것이라는 건 오해다. 물론 무채색을 기본으로 많이 사긴 하지만 색깔과 패턴이 들어간 요가복에 대한 수요도 내가 보기엔 무척 많았다. 더욱이 일상 속에서 꾸준히 운동하는 사람들이 늘면서 운동복도 일상복처럼 다양한 패턴과 색상의 옷을 입고 싶어 하던 터였다. 내 주위의 강사들이나 회원들만 해도 다들 패턴과 컬러가 다양한 해외 브랜드의 옷을 입고 싶어 했다.

나부터도 운동을 할 때 다양한 디자인과 색깔의 옷을 입고 싶은 사람들의 욕구가 분명 있었지만 그걸 충족해줄 브랜드가 없었고, 있어도 해외 브랜드라 가격이 비싸고 접근성이 낮았다. 수입을 많이 안 해서 예약을 하면 두 달 뒤에 받을 정도였으니까.

신생 브랜드로서 사람들의 이목을 끌려면 사람들이 좋아하는 걸 만들어야 하는데 그게 바로 컬러와 패턴이 들어간 옷이라고 생각했다. 왜냐하면 내가 강사라면 무조건 그런 옷을 택했을 테니까. 그래서 나염이 들어간 요가복 원단을 처음 찾았을 때 보물섬이라도 발견한 것처럼 기뻤다. 나염은 원단에 착색을 해서 무늬가 나타나게 염색하는 것이다.

덕분에 패턴이 들어간 요가복을 출시하며 등장한 안다르는 사람들에게 눈도장을 제대로 찍었다. 기존 요가복과 달리 패턴이 화려하다는 것이 안다르의 첫 번째 차별점이 되었고, 두 번째 차별점은 안다르의 색감이었다. 블랙, 네이비, 차콜 등 무난하게 입을 수 있는 무채색 일색이었던 기존 요가복과 안다르는 확실히 달랐다.

안다르는 한 품목당 기본 9가지 이상의 컬러를 내놓았다. 기성복 중에 컬러가 제일 많아서 '컬러맛집'이라고 불릴 정도였다. 이런 안다르의 차별성은 초기에 브랜드가 성장하는 초석이 되었다. 내가 소비자이기도 하기 때문에 소비자의 니즈를 간파할 수 있었고 그것을 실현했기에 반응은 폭발적이었다. 이제 더 이상 많은 돈을 들여서 해외 직구를 하는 번거로움을 겪지 않아도 내가 원하는 패턴과 컬러의 요가복을 입을 수 있게 된 것이다.

립스틱 컬러에서 나온 레깅스

처음부터 다양한 컬러의 요가복을 만들고 싶었지만 나는 디자인처럼 컬러에 대해서도 아무것도 몰랐다. 나는 평소에 컬러가 들어간 옷을 즐겨 입지 않았고 심지어 색조 화장품에도 관심이 없었다. 하지만 요가복의 색깔이 다양했으면 좋겠다, 사람들의 선택권이 더 넓어졌으면 좋겠다는 바람이 강했기에 꼭 다양한 컬러를 뽑아야겠다고 결심했다.

사람들이 어떤 컬러를 좋아할까? 알 수가 없다. 그럼 내가 좋아하는 컬러는? 핑크 계열이다. 하지만 그냥 좋아하는 컬러일 뿐 핑크색을 옷으로는 입지 않았다. 다른 컬러와 매치하기가 어려웠기 때문이다. 그럼 다른 컬러와 매치하기 쉬우면서 다양한 컬러는 뭐가 있을까? 생각이 꼬리에 꼬리를 물던 와중에 여기저기서 자주 들리던 말이 내 귀에 와서 박혔다. 바로 '말린 장미!'

대체 말린 장미가 뭐기에 사람들이 '말린 장미, 말린 장미' 하는 거지? 색조 메이크업을 잘하지 않던 나는 궁금해졌다. 알고 보니 말린 장미색과 같은 붉은 계열의 립스틱 컬러라는 것. 여자들은 립스틱을 살 때 '하늘 아래 같은 빨간색은 없다'는 말을 흔히 하지 않는가. 같은 붉은색이라도 미묘한 색상의 차이로 만들 수 있는 변화가 거의 무한대에 가깝다. 립스틱 컬러는 이렇게 다양하고, 이렇게 사람들이 열광하는구나!

백화점 어느 화장품 매장에 가서 말린 장미색 립스틱을 보여달라고 했다. 그 매장에서도 말린 장미색이라며 여러 개의 립스틱을 보여주었다. 직접 발라보니 예뻤다. 역시 사람들이 열광하는 데엔 이유가 있구나 싶었다.

'이 컬러를 옷에도 적용해보면 어떨까?'

그렇게 해서 나온 것이 말린 장미 컬러의 레깅스였다. 역시 반응은 무척 좋았다. 그 외에 스틸블루 컬러도 인기를 끌었고 안다르의 시그니처 컬러인 누디핑크도 폭발적인 반응을 얻었다. 아무리 그래도 스포츠웨어에서 컬러가 블랙을 제치기는 힘들다고 하는데 이런 컬러들은 블랙 제품보다 많이 팔렸다.

화장품이든 옷이든 사람들이 원하는 컬러, 예쁘다고 생각하는 컬러는 결국 비슷했던 것이다. 그동안 다양한 컬러를 입고 싶었지만 나한테 어울리는 게 없거나 내가 소화할 수 없을 거라고 생각해서 무난한 무채색만 입은 사람도 많았을 것이다. '안다르에서 나온 컬러는 어떤 색이라도 나한테 잘 어울린다. 빨간색이 나한테 잘 어울리는 줄 몰랐다'라는 고객의 반응을 보고 정말 뿌듯하고 기뻤다.

관행은 과감히 거부한다

내가 디자인해 생산한 제품들이 거듭 성공을 거두었지만 언제까지나 이런 식으로 운영할 수는 없었다. 회사의 규모가 커지는 만큼 전문인력이 필요했기에 디자이너를 몇 명 뽑았다. 이 디자이너들도 요가복은 처음 만들어보는 터라 처음에는 우여곡절이 있었다. 신제품을 위해 디자이너들이 컬러 샘플을 가져왔는데, 나의 기대나 지향점과는 너무 달랐다. 어떻게 설명하고 맞춰나가야 하나 막막했다. 디자이너들이 가져온 샘플은 여느 스포츠 브랜드들에서나 볼 수 있는 컬러들이었고, 형광색도 여러 가지 있었다. 형광색 레깅스라니….

　사실 형광색 레깅스를 입을 사람이 과연 몇이나 될까. 형광색 레깅스를 입은 사람을 본 적이 손에 꼽을 정도로 적지 않은가. 형광색은 해외 스포츠 브랜드에서 주로 내놓는데 우리나라 사람들은 그리 튀는 컬러를 선호하지도 않거니와, 개인적으로 우리나라 사람들의 피부색이나 우리나라의 햇빛에는 별로 어울리지 않는다고 생각했다. 지금은 레트로 열풍으로 그때와는 사정이 좀 달라졌지만, 당시 여름 시즌을 겨냥하거나 소비자의 니즈가 있어 형광색을 내는 경우 100장을 내면 3장만 나갈 정도로 판매율이 낮았다. 디자이너들에게 왜 이런 색을 뽑았냐고 물었더니 이런 대답이 돌아왔다.

　"원래 운동복은 형광색이 좀 있어줘야 하는 거 아니에요?"

　다른 해외 스포츠 브랜드에서 형광색 제품을 선보이니까 단순히 그것을 답습한 것이다. 만약 타당한 이유가 있었다면 나도 다시 생각해봤을 것이다. 그런데 '원래 다들 그렇게 하니까'라는 말에 누가 설득될 수 있겠는가.

'원래 그렇다'는 말은 내가 이 일을 시작한 후 만난 각 분야의 전문가들에게서 참 많이 듣는 말이다. 원래 안 되는 거다, 원래 이렇게 하는 거다…. 하지만 아무리 업계의 관행이라도 내가 납득할 수 없다면 '원래'라는 건 없다는 게 내 생각이다. 패션이나 디자인에 문외한이었기에 더욱 기존의 문법을 따라야 한다는 강박관념이 없었을지도 모른다. 생산, 디자인 전문가인 직원이 "이 원단은 원래 이래요"라고 말하면 나는 이렇게 답한다.

"그래요? 그럼 안 그런 원단으로 바꿔보죠."

뚜렷한 이유 없이 '원래 다들 그렇게 하니까'라며 남들 하는 대로만 한다면 그 수준에 머물 뿐 발전은 없는 게 아닌가. 남들이 하니까, 혹은 구색을 맞추려고 별 고민 없이 제품을 내놓는다면 어디서 차별점을 찾을 수 있을까. 기껏해야 다른 브랜드만큼 팔거나, 후발주자이니 그마저도 못 파는 결과를 낳을 뿐이다. 달라야 한다. 그런데 그 다름에는 합당한 이유가 있어야 한다. 그 이유는 다름 아닌 소비자의 니즈에서 찾아야 한다. 원래 그렇다며 쉽게 가는 길, 남들도 다 가는 길을 선택하기보다는 늘 의문을 가지고 도전하며 해결책을 찾아왔다. 안다르의 제품들이 탄생한 배경에는 모두 이런 시각이 있었다.

컴플레인에
답이 있다

　스물한 살의 어린 나이에 사회생활을 시작하면서 약 2년 동안 힘들었던 기억밖에 없다고 해도 과언이 아니다. 초보 테라피스트일 때는 고객의 컴플레인을 받는 일이 많았다. 관리를 많이 받아본 고객은 테라피스트가 손만 대도 초짜인지 아닌지를 안다. "죄송한데 선생님 말고 다른 분 들어와주세요"라고 정중하게 말하는 경우도 있지만 '똑바로 안 하려면 나가라'고 소리치거나 수건을 던지는 일도 있었다. 소위 '갑질'을 당하는 일도 적지 않았다. 초짜 요가강사였을 때는 딱 보고 내가 초보 같으면 바로 수업을 안 듣고 나가던 회원도 적지 않았다.

그럴 때마다 무안한 건 사실이다. 그래도 그런 일에는 마음을 다치지 않았다. 나라는 사람에게 컴플레인하는 게 아니라 내 실력에 불만을 토로하는 것이니 내가 개인적으로 고객에게 마음이 상할 필요는 없다고 생각했다. 사실 고객이야 품질이나 서비스가 마음에 안 들면 그냥 다음부터 안 오면 되고, 안 사면 그만이다. 그런데 에너지를 써서 컴플레인을 해주면 제품이나 서비스를 개선하는 기회가 된다. 보통 많은 사람이 불만이 있으면 그냥 조용히 사라진다. 당당하게 불만을 말하는 경우는 많지 않다. 불평불만을 듣는 게 누구나 편하지는 않을 것이다. 그러나 그 기회를 놓치면 개인이든 조직이든 항상 비슷한 수준에만 머무를 수밖에 없다. 컴플레인이 싫고 어려울 수밖에 없는 건 당연한 일이다. 그럼에도 귀기울여 경청하는 것, 그래야 좀 더 발전하고 성공할 수 있는 원동력이 된다고 생각한다. 컵에 물이 반쯤 차 있을 때 누군가는 절반밖에 없다고 얘기하지만, 누군가는 절반이나 남았네라고 얘기한다. 힘든 상황에서는 바라보는 방향을 바꾸는 것, 개인적으로 추천하는 마인드컨트롤 방법이다.

한 제품당 리뷰만 5만 개

초창기에는 고객이 컴플레인을 걸어오면 내가 전화를 받고 일일이 대응했다. 때로는 무리한 요구를 해올 때도 있었는데 어떻게 해야 할지를 몰라서 목소리도 떨리고 손도 덜덜 떨렸다. 그런 요구에 잘 대응할 역량이 나한테는 없다는 판단이 들어서 CS(고객만족) 담당 직원을 가장 먼저 고용했다. 지금은 고객센터에 20여 명의 직원이 있고 교육을 통해 고객만족을 실현하려고 노력하고 있다.

안다르는 온라인 쇼핑몰에 특화되었기 때문에 고객의 피드백을 받기가 유리한 점이 많다. 온라인 쇼핑몰의 고객들은 매우 빠르게, 솔직한 리뷰를 해준다. 쇼핑몰의 리뷰든 고객센터에 접수된 내용이든 가장 중요한 건 제품에 대한 불만사항을 꼼꼼히 체크하는 것이다. 다수의 만족보다 단 한 명의 불만족에 더 귀를 기울인다.

제품에 대한 하자에는 가장 예민하게 대응한다. 이슈가 있는 부분은 다시 점검해서 문제가 있다면 반드시 반품시키도록 한다. 그리고 고객에 대해서 보상과 피드백을 해줘야 한다. 그렇게 접수된 문제점을 개선하는 것은 당연하다. 실제로 2018년에 한 제품의 신축력에 문제가 발견됐다는 고객의 컴플레인이 들어왔고, 그 제품을 전량 리콜해서 폐기한 적이 있다.

그 뒤로 제품 검수 과정도 더 체계적으로 개선했다. 그전에는 디자인 QC(품질관리), 생산 QC를 끝으로 제품을 출시했다면, 그 다음부터는 제품의 초도 물량이 나가기 직전까지 QC를 보는 것으로 바뀌었다.

제품에 만족하는 사람들의 목소리는 언제나 달콤하다. 하지만 99명이 만족해도 불만족한 한 사람의 컴플레인에 귀를 기울여야 한다. 그런 점들을 개선하며 점점 더 좋은 제품이 나올 수 있다. 현재 안다르의 온라인 쇼핑몰에 누적된 리뷰만 해도 한 제품당 5만~6만 개가 되는데 여기에 쌓인 데이터 양이 실로 어마어마하다. 시간과 노력을 써서 리뷰를 작성해주는 분들이 얼마나 고마운지 모른다. 이런 리뷰 하나하나가 제품을 만드는 데 방향성을 잡아주고 문제점을 보완할 수 있게 해주기 때문이다.

또한 제품이 나오기 전에 반드시 각 분야의 운동 전문가들과 일반 소비자들이 안다르 옷을 입어보게 하고 피드백을 받는다. 임부 레깅스가 나왔을 때도 임산부들을 모서서 2주 넘게 옷을 입어보게 해서 피드백을 받고 수정해서 출시했다.

내부 직원은 물론 전문가와 일반인들에게서 얻는 의견이 모두 소중하고 큰 도움이 된다. 특히 우리 옷의 단점을 말해주면 그것은 정말 개선의 좋은 재료가 되기 때문에 더욱 감사하다. 예를 들어 기모 소재의 옷인데 별로 안 따뜻하다는 피드백이 있으면 기모 소재를 강화한다. 속옷이 비친다는 얘기가 있으면 다음 생산 때 무조건 개선한다. 한번은 하의의 앞 밑위가 너무 길다는 피드백이 있었다. 그렇다고 밑위를 너무 줄여서 배꼽 밑으로 내려가면 호불호가 갈릴 수 있어서 고민이 되었다. 그렇다면 왜 앞 밑위가 길다고 느끼는지 생각해보기로 했다. 앞부분의 절개선이 너무 위로 올라와서 가랑이부터 배꼽까지 배 바지를 입은 것처럼 너무 길어 보이는 게 원인으로 보였다. 그건 개선할 수 있는 것이라 절개선의 위치를 내렸더니 앞 밑위가 길다는 피드백이 반으로 줄었다.

에어쿨링 레깅스의 경우 운동복으로만 입고 싶은 사람이 있는 반면 일상복으로도 있고 싶다는 사람도 있었다. 같은 옷이라도 사람에 따라 그 옷을 입는 방식이 다를 수 있다. 그런데 이 레깅스를 입고 운동을 하면 허리밴드가 배 부분에서 말린다는 피드백을 받았다. 격렬한 움직임으로 운동하는 사람을 위한 레깅스가 필요했다. 그래서 허리밴드의 말림 현상을 해결한 테크핏을 따로 만들고 기존의 레깅스인 프리핏과 구분했다. 소비자가 언제 착용하느냐에 따라 선택지를 준 것이다. 말림 현상이 없는 테크핏의 허리밴드는 특허 출원까지 내놓은 상태다.

고객의 불만은 안다르가 성장할 수 있는 원동력이 된다. 어떤 제품이건 입다 보면 단점이 없을 수가 없다. 그러면 다음 해에 출시될 신제품은 반드시 개선되어야 한다. 단점을 계속 보완하는 게 발전이고 이게 기업이 아닐까. 똑같은 걸 매번 찍어낸다면 기업이라고 할 수 없을 것이다.

하체가 부해 보이는 광택 레깅스 대신 무광택 레깅스를 내놓았을 때 "진짜 광이 안 나서 콤플렉스였던 하체를 당당히 드러낼 수 있게 됐어요"라는 말, "저는 요가강사인데 오랜 시간 입고 있어도 안다르는 안 불편해요"라는 말, 이런 말들이 더 좋은 제품을 만들게 해주는 힘의 원천이다.

"저는 안다르 브랜드를 너무 좋아하는데 이번 옷이 너무 별로예요."

이런 고객의 반응을 들으면 소름이 돋는다, 너무 좋아서. 한 제품에 실망하긴 했어도 우리 브랜드 자체는 신뢰하고 있다는 이야기니까. 너무나 감사하고 그만큼 더 좋은 제품으로 보답하고 싶다는 생각이 든다. 고객이 안다르에 가진 신뢰를 배신하지 않도록, 아무리 힘들어도 모두가 편한 옷을 만든다는 원칙은 절대 놓치지 말아야겠다고 다짐한다.

창업은 누구나
할 수 있다

어린 나이에 창업을 했다고 하면 가장 많이 듣는 소리가 '무슨 돈이 있어서 사업을 했냐'는 말이다. 심지어 내가 '금수저'라서 창업할 수 있었다는 근거 없는 소문이 돌고 아예 내 SNS에 와서 금수저냐고 묻는 사람도 있을 정도다. 그런 말이 기분 나쁜 건 아니지만 내 노력까지 폄훼 당하는 것 같아 아쉬운 마음도 있다. 평범한 가정에서 자랐고, 정말 아무것도 없이 시작했다. 안다르는 하나부터 열까지 제 손이 닿지 않은 곳이 없다. 그만큼 노력했고, 열심히 했다고 자부할 수 있다.

단돈 2,000만 원으로 어떻게 창업을 했느냐고 의아해하는 사람도 많다. 많은 사람이 창업이라고 하면 대단히 거창하고 돈이 많이 든다고 지레짐작하는 것 같다. 비결 아닌 비결을 말하자면 일단 부딪쳐보고 그다음에는 지혜를 발휘했을 뿐이다. 예를 들어 처음 옷을 만들 때 원단비는 바로 줘야 했지만 봉제비는 옷을 팔아서 주기로 양해를 구할 수 있었다. 제품과 시장 가능성에 대한 확신만 있다면 협력업체를 설득할 수 있고, 그렇게 되면 융통성을 발휘할 수 있다.

초기 사업자금으로 쓴 2,000만 원은 내가 21세부터 24세까지 밤낮으로 일해서 모은 전 재산이었다. 사회 초년생 시절에는 워낙 박봉이라 전혀 돈을 모으지 못했지만 어느 정도 경력을 쌓은 2년간 2,000만 원을 모을 수 있었다. 물론 부모님이 의식주를 도와주셨기에 가능했을 것이다. 적다면 적은 돈이지만 내가 일해서 번 돈이니 나한테는 굉장히 크고 소중한 돈이었다. 하지만 그런 돈을 모두 투자하면서 두렵거나 아깝지 않았냐고 묻는다면, 전혀 그렇지 않았다.

나에게는 젊음이 무기라고 생각했다. 앞으로 사회생활을 한 30년은 더 할 텐데 몇 년 일해서 번 2,000만 원은 앞으로 벌어갈

돈에 비하면 아주 적은 것 아닌가. 금액이 적다기보다는 지금 투자를 한다고 해서 크게 손해라고 생각하지 않았다. 만에 하나 실패를 하더라도 실패한 경험이 남을 것이고 거기에서 배운 것은 앞으로 살면서 커다란 자산이 될 것이다. 나이가 어리니 내가 가진 가능성이 더 크다고 생각했고, 그래서 도전할 수 있었다.

물론 그렇다고 해서 아무 대책 없이 시작하지는 않았다. 만일 실패해서 만든 옷을 원가로 팔면 얼마나 남을지를 계산해보았고 적어도 빚은 안 지겠다는 확신이 섰다. 아는 요가강사들에게 팔아달라고 부탁해도 손해는 안 나지 않을까. 그러면 남한테 피해를 주는 건 아니니까 다시 벌면 되지 하고 생각했다. 돈을 많이 쓰는 것도 아니고 돈을 많이 벌려고 애쓰는 성격도 아니었기에 더 용감하게 시도할 수 있었던 것 같다.

그렇게 20대 초반에 아무것도 모르고 창업에 뛰어들고, 그 후로 단 하루도 힘들지 않은 순간은 없었던 것 같다. 하지만 힘들어도 행복할 수 있었다. 밤잠을 자지 않아도 아무것도 먹지 않아도 좋아하는 일을 하니까 행복하고 힘이 났다. 내가 만든 옷을 사람들이 좋은 점을 말해주면 너무 짜릿했고 안 좋은 점을 말해주면 반드시 고치고 싶어 불타올랐다. 또 운동이 직업이었고 젊으니 체력도 좋았다. 그 체력으로 잠을 덜 자고 밤낮으로 일하며 열심히 달려갈 수 있었다.

시작은 언제나 힘들다

　많은 청년이 취업으로 고민하고 창업을 꿈꿔도 가진 것이 없어 망설인다. 출산과 육아로 인해 경력단절을 겪는 여성들도 창업을 고려하지만 엄두를 내지 못하는 경우가 많다.

　나는 패션 전공자도 사업 전략가도 아닌 평범한 사람이었다. 가진 돈도 많지 않았고 어느 명문대 경영학과를 졸업한 것도 아니다. 그러다 보니 정보도 인맥도 없었다. 내가 가진 건 단 하나, 진취적인 행동력밖에 없었다. 행동력 하나로 많은 벽을 뚫었고 새로운 길을 만들어왔다.

　사소한 것 하나부터 몸으로 뛰어서 알아내고 원단업체부터 봉제공장까지 하나하나 인연을 만들어나갔다. 그 과정에서 얼마나 많은 실패와 시행착오가 있었겠는가. 사람들은 겉으로 드러난 결과나 매출액만을 보지만, 우아한 백조가 물 위에 떠 있기 위해 물 밑에서는 쉬지 않고 발을 움직이는 것처럼 안다르의 매출이 수십억일 때도 그 이면에는 처절한 발버둥이 있었다. 그리고 그것은 지금도 마찬가지다. 하지만 내 손으로 내가 뜻하는 바를 이루어나가는 기쁨과 보람이 있기에 나는 행복한 사람이라고 생각한다.

　시작이 가장 중요하다. 결과를 먼저 생각하면 두려움과 막연

함도 커져 시도조차 해보지 못하게 된다. 생각을 실행으로 옮기면 다음 과정이 보이고, 그런 과정을 반복하다 보면 시작점에서 한참 멀리 달려왔다는 것을 깨닫게 된다. 내가 지금 실천할 수 있는 첫걸음을 떼는 것이 가장 중요함을 잊지 않았으면 한다.

창업을 하고 싶다고 조언을 구해오는 분들이 있는데 나로서는 참 난감할 때가 많다. 창업을 하고 나서 물어보면 해줄 수 있는 이야기가 많겠지만 시작하기 전에 '이게 잘될까'라는 걱정으로 조언을 구하면 무슨 말을 해야 할지 모르겠다. 내가 하는 일 외에 다른 분야의 일은 잘 모를뿐더러 너무나 많은 변수가 있는 사업에 대해선 뭐라고 예측하기도 어렵다.

설사 조언을 한다고 해도 시간이 지나서 보면 조언을 구하던 사람 중 90퍼센트는 창업을 실행에 옮기지 않았고 10퍼센트는 아직 준비 중이라고 말한다. 그러나 같은 아이템으로 누군가 성공을 하면 "저거 내가 하려고 했는데"라고 말하거나 "저 사람은 돈이 많았으니까"라면서 다른 이유를 찾는다. 리스크를 최소화시키고 싶어서 이리저리 재기만 하면서 시간을 보낸다.

하지만 리스크 없이 할 수 있는 일이 있을까. 도박 수준의 모험을 하라는 말이 아니라 뭔가에 도전하고 도약하기 위해선 리스크를 피할 순 없다는 뜻이다. 개인적으로 조금도 손해 보지 않으려는 사람과는 같이 일하는 것이 쉽지 않다고 느낀다. 협력업체 중에서도 마진이 남는, 딱 그 정도의 테두리 안에서만 일하는 곳을 종종 본다. 그런 업체와는 새로운 시도나 응용을 해보기 힘드니 혁신이 나올 수가 없다.

내 경험상 내 안에 확신이 있으면 '이 일을 할지 말지' 누군가에게 물어볼 필요도 없다. 리스크를 생각하기 전에 내 발이 먼저 움직인다. 시작을 하고 어떻게든 되게끔 만든다. 어떻게 하면 사람들을 만족시킬 수 있을까 생각하다 보면 머릿속에 많은 게 그려지고 그것들을 시도해보게 된다. 될까 안 될까를 고민하는 건 그다음 문제다.

그러므로 필요한 것은 자신을 저절로 움직이게 만드는 꿈이 아닐까. 나는 요즘 하와이에 안다르 매장을 내면 얼마나 좋을까 하는 꿈을 꾼다. 바닷가에 매장을 내는데, 그냥 매장이 아니라 세계적인 명소로 불릴 정도로 멋진 곳, 옷이 아닌 즐거움과 추억을 팔 수 있는 장소로 만드는 것이다. 이런 꿈을 머릿속에 그리다 보면 '실패하지는 않을까' 하는 걱정보다 그저 설레고 그 꿈을 위해 지금 할 수 있는 일, 가장 먼저 해야 할 일이 뭔지 생각하게 된다.

꿈이 있고 열정이 있다면 지금 바로 시작하라고 말하고 싶다. 무언가를 처음 시작한다는 건 누구에게나 낯설고 어려운 일이다. 나는 패션 전공자도, 사업 전략가도 아니었기에 요가복을 만든다는 것 자체가 도전의 시작이었다. 창업할 때 많은 준비를 하고 시작한다면 그만큼 탄탄하게 나아갈 수 있게 돼 좋은 결과를 끌어낼 확률이 높지만, 모든 시작이 철저한 준비가 있어야만 가능하다는 생각에 자신을 옭아매지 않았으면 좋겠다. 중요한 것은 과정을 두려워하지 말고 하고자 하는 열정이 있다면 일단 시작하는 것이다. 기회는 행동하지 않으면 오지 않는 것을 뿐, 행동하는 사람에게는 반드시 온다.

세상에 없던 원단을 만들다

신선한 재료가 좋은 음식의 기본 조건인 것처럼, 원단이야말로 옷의 가장 기본이다. 그래서 나는 창업 초기부터 원단에 대한 갈증이 컸다. 자체 원단을 개발할 수 있게 되었을 때는 힘들기도 했지만 신나고 뿌듯한 감정이 훨씬 더 컸다. 안다르만의 원단으로 만드는 제품군은 크게 세 가지로 나눌 수 있다. 모두 첫 출시한 후로 계속 개선하면서 진화를 거듭하고 있다.

에어쿨링 시리즈 흡습속건 기능이 뛰어나며 포근하고 부드러운 착용감을 가졌다. 일반 나일론 소재보다 뛰어난 내열성을 가졌고 수분을 즉시 방출하기 때문에 쾌적하게 입을 수 있다. 또 스판덱스에 비해 압박이 덜해 혈액순환에 무리를 주지 않으므로 일상복으로 입기에도 좋다.

에어코튼 시리즈 천연섬유와 합성섬유의 장점만을 집약해 개발한 기능성 소재로 만들었다. 면처럼 부드러운 촉감을 가졌으면서도 내구성과 내마모성은 우수한 기능성을 갖추고 있다. 광택을 최소화해 자연스럽고 고급스러우며 최적의 편안함을 선사한다.

에어스트 시리즈 안다르만의 우븐 소재인 '에어스트'로 만든 제품들이다. 기존 우븐 소재에 비해 강한 신축력을 가진 에어스트는 내구성이 뛰어나고 무척 가볍다. 탄탄한 조직감으로 비침 현상은 최소화했고 나일론보다 내열성과 흡습성이 우수해 체온이 상승해도 청량감 있게 착용할 수 있다. 면보다 8배 정도 빠르게 건조되며 구김이 적어서 관리도 편하다.

3장

달리다 보니 어느새 날고 있더라

끈기로 버티고
오기로 이겨내며

처음부터 멀리 보고 시작한 것은 아니었다. 옷을 만들었으니 만든 건 팔자는 마음이었고, 다 팔고 나니 또 주문이 들어와서 계속 만들었다. 주문량을 감당하기 위해서는 인력이 더 필요해서 사람을 더 고용하고, 사람이 늘어나니 공간이 더 필요해서 사무실을 넓혔다. 비용이 커지니까 더 많이 팔아야 했고, 그러기 위해 더 좋은 옷을 만들려고 노력했다.

매출이 하루가 멀다 하게 뛰었지만 난생처음 보는 큰 숫자가 매출로 찍히니 무섭기도 했다. 그렇게 큰 숫자가 다시 제로가 되고 또다시 매출이 찍히는 과정이 반복됐다. 그러다 보니 마치 게임머니처럼 매출이 실감이 나지 않을 때도 있었다. 그러다가 나가야 할 비용이 있는데 지급하지 못할 때는 그 숫자가 엄청나게 무겁게 다가왔다.

나는 원래 숫자에 밝은 사람도 아니다. 고백하자면 숫자를 보는 것은 경영자로서 아직도 취약한 부분이기도 하다. 하지만 어쩔 수 없이 계속 보다 보니 익숙해지기도 하고, 숫자가 두렵기 때문에 더 민감하게 보는 면도 있다.

창업을 한 뒤 돈이 무섭다는 것을 뼈저리게 느꼈다. 초창기에는 매달 월급날이 되면 두려워서 통장을 잘 못 볼 정도로 멘탈이 흔들리던 시절도 있었다. 직원들 월급이 빠져나가고 확 줄어든 금액을 보면 불안했고 다음 달에 또 월급을 줄 수 있을지 걱정됐다. 나와 달리 남편은 월급날이 되면 오히려 기분이 좋아졌다. 이유를 물어보니 우리가 이 돈을 다 줄 수 있다는 게 뿌듯해서 기분이 좋다는 답이 돌아왔다. '아, 이렇게 생각하면 되는구나.' 그때부터 나도 생각을 바꿨다. 그러고 나니 월급날이 전혀 두렵지 않았다. 그 뒤로 지금까지도 월급날은 또 한 달을 살아냈고, 다음 한 달도 힘내자고 다짐하게 되는 기쁜 날이다.

돌이켜보면 뭐 하나만 삐끗해도 낭떠러지로 떨어질 처지라 숨 돌릴 틈도 없이 달려왔다. 그 와중에도 우리에게 온 기회는 놓치지 않았다. 백화점에서 팝업 제의가 들어왔을 때도 매대 1개를 얻은 기회를 놓치지 않고 입점까지 하였다. 생산량을 더 늘리고 유통 판매 인원을 더 늘리고, 그러면서 공장에서 문제가 생기기도 하고 직원들이 들고나는 부침을 겪기도 했다. 모조리 처음 하는 일이다 보니 서툴기도 했고 자금, 인력 등 모든 면에서 좌충우돌했다. 그중에서도 가장 힘든 건 자금 문제였다.

사업을 포기하지 않은 8할은 오기

안다르의 급격한 성장을 보고 원래 돈이 많아서 별 어려움 없이 탄탄대로를 달려왔다고 생각하는 사람이 많다. 겉으로 드러난 매출이나 화려한 성장세만 스포트라이트를 받는 것도 사실이다. 하지만 실상은 전혀 달랐다. 단돈 2,000만 원으로 창업한 후 3년 동안은 하루살이처럼 살았다. 하루 팔아서 하루 메꾸는 식의 숨 막히는 나날이 계속되었다.

창업 초기에는 돈이 나가고 들어오는 구조가 단순했기 때문에 크게 어렵지 않았다. 제품을 팔아서 남은 수익으로 재투자를 해서 다시 제품을 생산하는 식이었다. 그런데 백화점에 입점을 하고 회사 규모가 커지면서 투입되는 자금의 양도 커졌다. 매출이 늘었지만 그건 그만큼 제품을 많이 만들어야 한다는 뜻이다. 그런데 많은 제품을 다 파는 데는 시간이 걸린다. 그동안 협력업체들에 줄 대금 납기는 매달 어김없이 돌아온다. 우스갯소리로 직장인과 사장의 차이는 월급날을 보면 알 수 있다고 한다. 직장인에겐 '이제야 월급날?'이라면 사장에겐 '벌써 월급날?'이라는 것이다. 나 역시 창업을 해보니 대금 납기 때문에 정말 피 말릴 때가 있었다. 제조업에서는 매달 결제를 해야 하는데 재고가 팔리는 데는 시간이 걸리고, 그러니 현금 순환이 원활하지 않은 때가 많다. 밀려 들어온 물을 퍼내기도 바쁜데, 물을 퍼내면서 다음 스텝을 준비하는 게 보통 일이 아니었다.

"따르릉! 따르릉!"

심할 때는 매일같이 30~40개 업체들에게서 독촉 전화가 걸려왔다. 우리의 든든한 파트너였던 봉제업체마저도 대출을 받아서 직원들 월급을 준 적도 있다. 그러니 내 마음이 어땠겠는가. 자금을 못 줄까 봐 걱정돼 배가 안 고플 지경이었다. 그렇게 사흘을 굶으며 미친 듯이 일만 한 적도 있다. 창업 초기에는 처음 해보는 일이 너무 많아 매일같이 주저앉아 울었다. 포기하고 싶다는 생각이 하루에도 수십 번 들었다. 더는 마음 졸이지 말고 편해지고 싶었다. 그러면서도 한편으로는 어떻게든 계속해나가고 싶었다. '어린 여자가 사업하더니, 그렇게 될 줄 알았지'라는 생각을 뒤엎고 싶었다. 상반된 두 가지 생각이 내 머릿속에서 매일 엎치락뒤치락했다.

게다가 인지도 낮은 신생 브랜드이기에 더 서러운 일이 많았다. 협력업체들 입장에서는 우리 브랜드에 신뢰가 없기 때문에 대금이 한두 번만 밀려도 통장을 압류했다. 또 일을 하는 과정에서도 늘 다른 더 큰 브랜드가 먼저였기에 안다르는 항상 뒤로 밀렸다. 유통 과정에서도 무시당하는 일이 다반사였다. 그러면서도 안다르가 떠오르기 시작하자 견제도 심해져서 우리 브랜드를 깎아내리는 경쟁업체들도 있었다.

그런데 아이러니하게도, 그런 일을 겪으며 오히려 이를 악물게 되었다. 그만둘 때 그만두더라도 무시는 당하지 말자, 최고가 되어보자고 마음을 다잡았다. 지금 그만두면 남는 건 후회밖에 없을 것 같았다. 그만두더라도 최고가 된 다음에 그만두자고 생각했다. 어찌 보면 지금의 안다르를 만든 건 8할이 포기하지 않는 끈기와 오기였을 것이다.

어린 여자가
진짜 대표일 리 없다?

아무것도 모르고 호기롭게 시작했지만, 사업을 이어가다 보니 지속적인 투자가 필요하다는 걸 절실히 깨달았다. 하지만 자본금 2,000만 원으로 시작했으니 무슨 돈이 있었겠는가. 신제품을 계속 개발하려면 자금이 필요한데 어디서 돈을 빌려야 하나 머리를 싸맸다. 중소기업에 자금을 대주는 곳을 살피다가 찾아간 곳이 중소기업진흥공단이었다. 다짜고짜 문의를 했더니 초기창업대출자금이 있다는 걸 알게 되어 1억 원의 대출을 받았다. 덕분에 다시 발주를 넣고 자금을 돌릴 수 있는 시간을 벌었다.

그 뒤에도 자금이 필요할 때마다 기술보증기금이나 신용보증기금 같은 국가기관을 찾았다. 이런 기관에서 보증을 해주면 은행에서 대출을 받을 수 있기 때문이다. 신청을 하면 기금에서 현장실사를 나와서 회사의 안정성과 성장 가능성 등을 심사한다. 철저하게 심사하는 것은 너무나 당연한 일이지만 담당자들의 눈에는 회사에 대한 것보다 나에 대한 의심이 가득해 보였다.

자본금 2,000만 원이 어디에서 나왔죠? 스물네 살에 이 돈을 뭘 해서 벌었어요? 부모님은 무슨 일을 하세요? 심문이라도 하듯이 나와 주변 사람들의 신상에 관한 걸 집요하게 추궁했다. 24세에 일을 해서 2,000만 원을 모은 게 그렇게 의심받을 일인지 이전에는 몰랐다.

그들이 어떤 의심을 하는지 짐작이 갔다. 내가 실질적인 대표가 아니라 바지사장이라고 생각한다는 것을…. 제작에서 유통, 자금의 순환까지 내 손을 타지 않은 게 하나도 없는데, 나와 조금만 이야기해봐도 그런 의심은 하지 않을 텐데 처음부터 편견을 가지고 꼬투리를 잡으려 드니 설득이 어려웠다. 당시 안다르의 매출은 이미 181억이었는데 25세에 매출 181억의 회사를 운영한다는 게 말이 안 된다는 게 그들의 생각이었다.

"내가 생각하기엔 신 대표님이 진짜 대표가 아닌 것 같아요. 그 나이에 이 정도 규모의 사업을 하는 건 말이 안 됩니다."

결국 퇴짜를 맞았다. 당시 대출을 받아야 했던 금액은 우리 목숨 줄과도 같았다. 이게 없으면 부도를 목전에 두었을 정도로 절박했다. 그런데 이렇게 대출이 무산되어버리니 눈앞이 깜깜했다. 그래도 여태 노력한 게 아까워서라도 포기할 수는 없었다. 발품을 팔아 다른 기술보증기금에 보증을 요청했다. 그래도 역시나 똑같은 패턴이 반복되었다.

그 와중에 알게 된 임신 사실. 하지만 생명을 가졌다는 기쁨보다 당장 이 일을 해결하지 못하면 어쩌지 하는 걱정만 가득했다. 심지어 '왜 하필 지금…'이라는 생각마저 들었다. 입덧은 없었는지, 몸이 힘들지 않았는지 묻는 사람이 많지만 그런 걸 느낄 여유조차 없었다. 집요하게 아주 작은 것 하나까지 다 들추고 증명하며 아주 어렵게 보증서를 받았고, 부도를 면하고서야 겨우 한숨을 돌렸다.

기관의 특성상 리스크를 크게 고려하는 것을 이해하지 못하는 건 아니다. 하지만 내가 어린 여자라는 이유가 결정적 이유였으니 너무 억울했다. 그러다 보니 오기도 생겼다.

'내가 반드시 텔레비전에서 안다르 광고를 보게 해준다!'

2018년 안다르는 매출 333억 원을 달성했다. 이때 안다르는 새로운 전기를 맞이했다. 벤처캐피털에서 먼저 연락이 와서 투자를 하고 싶다는 게 아닌가? 그동안 자금을 구하느라 고생했던 기억이 주마등처럼 떠올랐다. 그런데 이제는 거짓말처럼 투자가 물밀듯이 들어오고 있었다.

투자 받는 방법도 있었다는 것을 그전에는 잘 몰랐다. 그저 열심히 하면 회사가 성장할 줄만 알았지, 벤처투자 같은 것에는 무지했다. 당시의 투자 기회는 안다르가 한 단계 더 도약할 수 있는 계기가 되었다. 이때 투자를 받으면서 나는 경영에 대해 더 공부를 많이 했고 투자자와 의견을 나누며 많은 것을 배우는 소중한 기회가 되었다.

20대 여성 CEO의 단점과 장점

20대의 어린 여성 CEO라는 점 때문에 편견에 부딪힌 적이 많고 지금도 '실질적인 대표는 남편이 아니냐'는 말을 들을 때가 있다. 내가 바지사장일 뿐이라는 의심의 눈초리는 처음부터 지금까지 나를 따라다닌다.

예전에는 이런 시선이 참 속상했는데 지금은 여유가 생겼다. 그전에는 내가 왜 대표인지를 애써 설명하고 납득시켜야 했다면 기업의 가능성을 보고 투자하는 전문투자사에서는 내가 왜 대표인지를 이미 알고 있었다. 내가 가진 비전이 곧 회사의 방향성이라는 것을 그들은 이해하고 그 가능성에 투자한 것이었다.

물론 절대 나 혼자 이렇게 회사를 키운 것은 아니다. 나는 천재도, 전문가도 아니었고 열정만 가득했던 초보 사장이었다. 내가 애슬레저의 본질을 놓치지 않고 안다르의 방향성을 제시한다면 이것을 조직화된 힘으로 실현하는 건 함께 일하는 모든 안다르 사람들의 힘이다. 창업 초기 멤버였던 남편의 역할도 컸고, 안다르에서 일하는 직원들의 힘도 정말 컸다. 그럼에도 불구하고 내가 안다르의 본질이라고 자신 있게 말할 수 있다. '모두가 편한 옷'을 만들기 위해 디테일에 집착하고 귀찮을 정도로 '왜'라는 질문을 던졌기에 그저 옷만 파는 회사로 남지 않을 수 있었다고 생각한다.

나이 어린 CEO를 의구심을 가지고 바라보는 것이 전혀 이해하지 못할 일은 아니다. 경험도 자본도 인맥도 부족해 보일 테니, 리스크를 고려해야 하는 입장에서는 불안해할 수 있다고 생각한다. 하지만 이는 남녀 모두 같을 텐데 여성에게는 좀 더 엄격한 잣대를 들이댄다고 느낄 때가 가끔 있다. 여성 CEO만이 가진 장점이 분명 있다고 생각한다. 소비자의 니즈를 섬세하게 캐치하고 제품 개발에서도 디테일한 부분을 더 잘 챙길 수 있는 것은 내가 여성이기에 가진 이점이었을 것이다. 또 내가 어리기 때문에 젊은 감성을 잘 이해할 수 있고 우리 제품에 불어넣을 수 있었다.

여성 CEO가 상대적으로 적기 때문에 주목도 크다는 점도 장점이 될 수 있다. 주목을 받는 만큼 영향력도 커져서 많은 사람에게 긍정적인 영향도 끼칠 수 있다. 무엇보다 내가 창업을 꿈꾸는 여성들에게 좋은 선례가 되었으면 하는 마음이다. 여성이 가진 장점을 살리되 틀에 갇히지 않고, 내가 하고 싶은 일, 만들고 싶은 것이 있다면 당당하게 도전해보라고 말하고 싶다. 돈이 없다고, 어리다고, 경력단절이라고 쉽게 포기하지 않았으면 좋겠다. 특히 20대라면 생각보다 잃을 것이 적다는 것이 내 생각이다. 그렇기에 20대 여성이라면 과감하게 창업을 생각해보길 바란다. 그것만으로도 내가 하고 싶은 일이 무엇인지, 내가 무엇을 잘하는지 '나'에 대해 집중해서 생각할 수 있는 소중한 시간이 될 것이다.

'들보잡' 브랜드,
제품력으로
백화점에 입점하다

만든 옷을 빨리 팔자는 생각에 열심히 뛰어다녔고, 새로 개발한 제품도 고객의 반응이 좋아서 수많은 요가센터에 입점할 수 있었다. 불만사항이 들어오면 개선하면서 재주문 물량을 대느라 제품을 계속 만들었다. 장기적 계획 같은 건 처음부터 없었고 세울 틈도 없었다. 그저 그때그때 닥친 일들을 해결하느라 정신없는 나날이었다.

그러던 2016년의 어느 날 전화 한 통이 걸려왔다. 전화를 건 사람은 롯데백화점 본사에서 브랜드를 유치하는 담당 팀장이라고 자신을 소개한 후 팝업스토어로 한번 들어와보지 않겠냐는 제안을 했다. 본인이 운동할 때 안다르 옷을 입어봤는데 옷이 너무 좋아서 제안을 하게 됐다는 설명을 덧붙였다.

"롯데백화점이래…."

얼떨떨해서 남편과 서로 얼굴만 바라보았다. 브랜드가 알려진 것도 아닌데 제품을 인정받았다는 생각에 더 기뻤다. 하지만 기쁨을 나눌 새도 없었다. 창업 후에 모든 일이 그랬지만 이 역시 새로운 도전이었고 쉬운 일은 아니었다. 해본 적이 없으니 어떻게 해야 할지 간뜩 긴장하고 예민해진 채로 준비를 했다.

드디어 1평짜리 매대에서 팝업스토어를 개시한 날. 반응은 첫날부터 폭발적이었다. 이미 안다르 제품을 입고 있던 사람들은 온라인 쇼핑몰에서만 살 수 있었던 것을 오프라인 매장에서 판다는 소식에 몰려들었다. 안다르가 입점해 있는 요가원의 강사나 회원들도 많이 찾아왔다.

팝업을 연 3일 동안 매출은 무려 2,000만 원에 달했다. 백화점 측에서는 깜짝 놀랐다. 무슨 레깅스 하나로 3일에 2,000만 원을 파나 싶었을 것이다. 이때 애슬레저 시장이 심상치 않다는 것을 깨닫게 된 것 같다. 우리에게 팝업스토어 10개 지점을

▲ 온라인과 전화 영업으로만 안다르 제품을 판매하다가 처음으로 팝업스토어를 통해 직접 고객을 만날 생각에 긴장도 되고 설레기도 했다.

오픈해달라는 제안을 했다. 확장을 했는데도 매출이 좋으면 그 장소를 매장으로 내어주겠다는 것이었다.

일이 커졌다. 기쁘지만 걱정도 되고 마음이 복잡했다. 백화점의 매대를 다 채우려면 상품 수를 많이 늘려야 하는데 감당할 수 있을까? 처음 하는 일이고 직원도 많지 않은데 해낼 수 있을까? 그렇지만 물러설 수는 없었다. 해보지도 않고 포기하기에는 너무 좋은 기회였다. 그래서 급히 상품 수를 늘리고 생산량을 대폭 늘리기로 하였다.

팝업스토어에서 정식 매장으로

많은 주문량을 짧은 시간에 소화하느라 협력업체 공장도 우리도 비상이었다. 보통 일이 많으면 '회사-집-회사-집'이라고들 표현하는데 그때는 그냥 '회사-공장-회사-공장'이었다. 팝업스토어를 확대하기 전날 밤늦게 생산 주문한 옷들이 회사에 겨우 도착했다. 다행히 오픈 전날에 상품 준비를 해낸 것이다. 그런데 상품을 확인하는데 이게 웬일인가. 상의의 브래지어 위치가 다 올라가 있는 게 아닌가. 당장 내일부터 매대에 올려야 하는데 이런 불량품을 팔 수는 없었다. 눈앞이 순간 아찔해졌다. 깜깜했다. 어떻게든 대책을 찾아야 했다.

그런데 이런저런 해결책을 궁리해봐도 도저히 답이 안 나왔다. 당장 내일 팔아야 하는데… 나는 거의 울먹거리며 봉제공장 사장님께 전화를 드렸다.

"사장님, 어떡해요…."

결국 새벽 3시에 봉제공장 사장님이 회사로 달려왔다. 다시 공장을 돌릴 시간이 없으니 수작업으로 해결하는 수밖에 없었다. 옷을 뜯어서 다시 바느질을 하고 손으로 일일이 바로잡았다. 대략 2,000 벌을 나와 사장님, 남편까지 동원되어 밤을 꼬박 새운 끝에 겨우 다음 날 판매할 물량을 맞췄다. 다른 의미로 기회와 위기는 같이 온다는 걸 느꼈다.

문제가 하나만 있는 건 아니었다. 그렇게 극적으로 판매할 상품은 준비되었지만 판매할 사람을 구하는 것도 문제였다. 백화점 판매 직원들 중에서 팝업스토어에서 일할 사람을 뽑아야 하는데 다들 기피해서 우리 매장에는 온다는 사람이 없다는 게 아닌가. 알고 보니 백화점에 파견되는 판매 직원들은 매장에서 자신이 판매한 만큼 인센티브를 받는단다. 안다르처럼 듣도 보도 못한 브랜드에서 일해봤자 제품이 잘 팔리지 않을 것이고, 인센티브를 많이 받기 힘들 것이라고 지레짐작하고 지원을 꺼린 것이었다.

방법이 없었다. 우리가 직접 가서 파는 수밖에. 당시 우리 회사엔 유통팀도 없었기 때문에 전 직원이 투입되었다. 나도 강남점에서 3주 동안 매니저로 직접 일했다. 아침 일찍 백화점에 출근해서 저녁까지 열심히 판매를 했다. 그때만큼은 내 직업은 완벽하게 매장의 매니저였다. 너무 힘들어서 주저앉고 싶었다.

회사 일은 회사 일대로 해야 했고 백화점은 백화점대로 크고 작은 문제들이 생겼기 때문에 화장실에 가서 울기도 했다. 퇴근길에는 또다시 내일이 오는 게 너무나 무서웠다.

그래도 이를 악물고 버텼더니 보람은 있었다. 그렇게 3주간 판 금액이 6,000만 원에 달했고 스포츠웨어 중에서 나이키, 아디다스, 데상트 다음에 해당하는 매출이었다. 3개월 후 안다르는 롯데백화점에 정식 입점했다.

내가 무슨 판매에 재능이 있어서 그렇게 판 것이 아니다. 시장의 성장 가능성을 믿은 것은 물론이고 경쟁업체에 비해 아낌없이 투자한 우리 제품에 대한 자부심이 있었기에 반드시 잘 팔릴 것이라고 나는 확신했다. 무엇보다 우리 옷에 대한 자부심이 있었다. 제품을 파는 데 있어 다른 기술이나 화려한 언변보다 중요한 것은 제품에 대한 이해와 브랜드에 대한 자부심 그리고 사랑이라고 생각한다. 나는 안다르 옷이 최고라 생각했고, 그러니 자연스럽게 진심으로 안다르 옷을 고객들에게 최고의 옷으로 소개할 수가 있었다. 그래서 매장 직원들에게는 항상 '내가 파는 제품을 사랑하라' 그리고 '판매하는 사람이 먼저 옷을 입어보라'고 말한다. 파는 사람이 먼저 고객이 되어 보지 않으면 안 된다. 내가 먼저, 세상에서 제일 이 옷을 좋아해야 한다. 그것이 처음부터 지금까지 내가 고수하고 있는 원칙이다.

99가지를 충족해도
하나가 아니면 아닌 것

만든 옷이나 다 팔자고 시작한 일인데, 백화점에 입점하면서 '전 국민에게 안다르 옷을 입히고 싶다'는 욕심이 생겼다. 내가 만든 옷을 더 많은 사람이 입었으면 좋겠다, 그냥 입는 것도 아니고 입으면서 만족감을 느꼈으면 좋겠다! 그런 생각이 커지면서 소비자들의 리뷰가 하루하루 쌓이는 게 기쁘고 오늘보다 내일, 내일보다 그다음 날 더 많은 사람이 안다르 옷을 입을 미래가 그려졌다. 이제부터 진짜 시작이라는 생각이 들었다.

나에겐 패션도 디자인도 모두 실전이었다. 직접 내 몸으로 입어보고 만들어보고 때론 실패해보면서 진짜 기술이 쌓였다. 덕분에 퀄리티를 계속 높일 수 있었다. 그전에 입었던 것보다 다음에 나올 옷이 더 좋아야 하고, 다음에 입을 옷보다 그다음에 출시될 옷은 더 좋아야 한다는 게 원칙이다. 2018년에 여름을 겨냥해 에어쿨링 제품을 내놓았고 좋은 반응을 얻었지만 2019년에 출시되는 에어쿨링은 그전보다 향상되어야 한다. 2020년 제품은 또 2019년 제품의 단점을 보완해서 나와야 한다.

우리 옷의 첫 번째 고객은 다름 아닌 나 자신이다. 원단을 개발해도 내가 먼저 만져보고, 제품을 개발해도 내가 먼저 입어본다. 내가 고객이 되어 원단과 제품에 대한 니즈를 소비자처럼 느껴보는 것이다. 처음에는 미세한 차이를 협력업체나 직원들에게 납득시키도 쉽지 않았다.

"뭘 이 정도 가지고… 소비자들은 몰라요."

내가 수없이 들은 말이다.

"이 정도면 됐죠 뭘."

이 말도 참 많이 들었다.

그렇지만 나 역시 소비자다. 내가 느끼기에 이 정도로는 충분하지 않다면 적당히 멈출 수 없었다. 별것도 아닌 것 가지고 까

탈스럽게 군다고 생각했을지도 모르겠다. 하지만 99가지가 다 괜찮더라도 마지막 하나가 문제라면 그 한 가지 때문에 안 되는 것이다.

10명 중에 10명이 모두 알지는 못하더라도 1,000명이 입어보면 10명은 안다. 단 1센티미터, 1그램의 차이. 그것은 단순한 수치가 아니라 입는 사람에게는 말도 안 되는 불편함을 가져오는 차이다. 더군다나 기능성 웨어에서 3~4센티미터 차이면 두 사이즈가 바뀌고 암홀의 경우 0.5센티미터 차이까지 느껴진다. 100명 중 불편해하는 단 한 명까지 생각하지 않으면 안 된다.

옷을 입었을 때의 착용감이라는 건 수치나 데이터로 설명하기 힘든 부분이 있다. 이 원단의 느낌이 어떻게 다른지, 이 봉제법이 얼마나 불편한지, 어떻게 하면 효과적으로 설명할 수 있을지, 내가 항상 고민했던 지점이다. 게다가 초기에는 수치로 이야기하고 싶어도 쌓인 데이터가 별로 없으니 말로 다 표현해야만 했다.

그렇기 때문에 추상적인 언어로 대화하는 수밖에 없었다. 예를 들어 신축성을 10퍼센트 늘려달라고 말하면 "뭘 그 정도 가지고"라는 답이 돌아오기 쉽다. 수치로 말하면 너무나 작아서 별것 아닌 것처럼 느껴지기 때문이다. 그럴 때는 마음에 콕 박히고 머릿속에 쫙 그려지게 말하는 거다.

"누가 내 가랑이에 실을 끼워서 들어 올리는 느낌이에요. 이 걸 입을 수 있겠어요?"

그러면 비로소 "아~ 그러면 안 되죠"라는 답이 돌아온다. 상 대방 입장에서도 더 납득하기가 쉽다. 이것이 바로 내가 사용 했던 대화법이다.

수치로 말할 수 없는 미묘한 차이

시작부터 나는 수치화할 수 없는 것을 내 몸으로 직접 느끼 고 추상적인 언어로 그것을 전달하려고 노력했다. 누가 들으면 그게 무슨 소리냐고 헛웃음을 터뜨릴지 모르겠지만 나한테는 무엇보다 중요했고 누구보다 진지했다. 예를 들어 처음 요가복 을 만들려고 했을 때 원단업체도 봉제업체도 폴리에스테르를 쓰라고 권했다. 폴리에스테르가 더 저렴하고 봉제하기도 쉬웠 기 때문이다. 하지만 나는 곧 죽어도 나일론을 써야 한다고 주 장했고 그 차이를 설명하기 위해 "폴리에스테르는 '찌끄덕'해 요"라고 말했다. 사전에도 없는 '찌끄덕'이라는 표현에 업체 사 장님들은 갸우뚱했다.

"찌끄덕하다는 게 뭐냐면, 장마철에 청바지 입는 느낌이오!"

습한 날씨에 신축성 없는 청바지를 입는 것처럼 썩 유쾌하지 않고 답답한 그 느낌. 반면 나일론은 청량하다. 마치 '냉장고바지'를 타이트하게 입는 느낌이다. 그제야 협력업체 사장님도 고개를 끄덕였다. '찌끄덕'하다는 이 표현이 초반에 원단업체, 봉제업체 등과 원단의 차이에 대해 소통할 수 있었던 중요한 포인트가 되었다. 단순히 중량감의 차이를 말해서는 이런 미묘한 느낌의 차이를 절대 설명할 수 없다.

협력업체들도 수치뿐 아니라 오랜 시간 쌓은 경험과 감으로 일해온 분들이라 이런 표현을 찰떡같이 알아듣는다. 또 내가 한 표현 중에 '나비장군 같다'는 말도 있었다. 상대방은 당연히 나비장군이 대체 뭐냐고 물었다.

"옷은 나풀나풀 나비처럼 만들어놓고 어깨는 장군처럼 올라가 있잖아요. 이거 정말 이질적이지 않아요?"

그러면 역시나 금방 알겠다고 수긍을 한다. 그렇게 할 수 있었던 건 협력업체들의 호의 덕분이기도 하다. 만약 나의 그런 표현을 비웃거나 무시했다면 나도 위축되었을지도 모른다. 하지만 다들 난감해하면서도 내 설명을 귀 기울여 들어주었다.

수치가 전혀 필요 없다는 말은 아니다. 수치화하는 것도 굉장히 중요하다. 무조건 추상적으로 말하면 일관성이 없게 느껴질 수도 있다. 안다르도 이제는 그간의 경험치를 많이 수치화해놓왔다. 두 가지가 공존해야만 좋은 제품이 탄생한다고 믿기 때문이다. 그런데 추상적인 부분, 느낌에 관한 것은 완전히 제쳐놓는 브랜드도 많아서 안타깝다는 생각이 든다.

어쩌면 나는 아마추어였기에 아주 용감하게 '나비장군'이니 '찌끄덕하다'는 말로 표현할 수 있었는지 모르겠다. 내가 만약 섬유학과나 경영학과를 나왔다면, 혹은 디자인을 전공했다면 수치가 아닌 느낌으로 이야기하는 건 프로답지 못하다고, 창피하다고 생각했을지도 모른다. 그런데 나는 아마추어였기에 수치로 이야기하려야 할 수도 없었거니와, 아마추어 입장에서 느끼는 착용감이 굉장히 중요하다고 생각했다. 옷을 입을 사람들은 업계 사람들만이 아니니까, 고객들이 피드백을 줄 때는 수치가 아닌 느낌으로 주니까 말이다.

가격이 비싸고 품질이 좋은 옷은 많지만 합리적인 가격에 좋은 옷은 많지 않다. 내가 원하는 제품력을 얻기 위해 비용도 많이 투자할 수 있고 그만큼 가격도 높여 판매하려 했다면 더 쉬웠을지 모르겠다. 하지만 처음부터 내가 입을 수 있는 옷을 만드는 게 목표였고, 20대 초반에 월급이 많지 않은 초보 강사였던 내 기준으로 합리적인 가격이라고 생각해 레깅스 하나에

5만 9,000원을 책정했다. 실은 가격을 더 낮추고 싶었지만 마진을 남겨야 계속 생산을 할 수 있으니 무턱대고 낮출 수만도 없었다.

또한 창업 초기에는 요가복 시장 자체가 형성되지 않았던 데다 신생 브랜드였기에 최대한 많은 사람에게 우리 옷을 입히자는 것이 목표였다. 사람들이 많이 입어야 안다르의 브랜드 인지도도 높아지는 동시에 시장이 커질 것이고, 시장이 커지면 안다르의 인지도가 높아지고 성장하는 선순환이 일어난다. 사람들이 많이 입으려면 어떻게 해야 할까? 그 해답이 바로 합리적인 가격에 소비자가 원하는 옷을 제공하는 것이었다.

그러나 초창기에는 수요와 공급의 순환을 매끄럽게 운영하는 게 쉽지 않았다. 주문은 밀려드는데 공급량을 맞추는 데 차질이 빚어지는 일이 많았다. 문제는 원단 가게에서 먼저 발생했다. 약속한 납기일에서 열흘을 넘기는 일이 다반사였다. 알고 보니 자신들이 요가복 브랜드를 만들어서 그 원단을 대느라 우리는 뒷전이 된 것이었다. 우리 브랜드를 통해 요가복의 사업성을 보고 자체 브랜드를 만든 것인데, 우리로서는 그 때문에 손해를 봤으니 참 속상했고 배신감도 느꼈다.

협력업체들 입장에서는 20대 젊은이들이 사업을 한다니 미덥지 않아서 비협조적인 경우도 많았다. 가장 억울했던 건, 안다르가 인지도 낮은 작은 회사이기 때문에 정말 좋은 원단을 구입할 수 없었다는 사실이다. 그런 원단을 구입하더라도 많은 양을 팔 수 없으니 옷의 가격을 더 비싸게 책정해야 했다.

'좋은 옷을 합리적인 가격에 소비자에게 공급하려면 회사가 커져야 한다.'

회사가 커야 원단을 대량으로 구매할 수 있고, 그러면 원가가 낮아지니 판매가도 낮출 수 있다. 이런 생각은 창업 초기에 큰 동기부여가 되었고 그 후로 합리적인 가격을 형성하기 위해 여러 가지 노력을 해왔다. 물론 사람들이 만족하는 가격과 품질의 기준은 저마다 다르겠지만 '이 가격에 이렇게 좋은 옷이라니' 하고 더 많은 사람을 감탄하게 만드는 것이 나의 목표다. 할 수 있는 한 단가를 낮춰 합리적인 가격에 좋은 옷을 제공한다는 것. 여기에는 나의 사회 초년생 시절의 경험도 녹아 있다. 한 달에 150만 원가량이 월급이던 시절, 옷 1벌에 10만 원 이상 쓰는 것이 너무 부담스러웠다. 입고 싶은 좋은 옷이 있는데 너무 비싸서 구매를 망설였던 내 경험 때문에 충분히 합리적인 가격으로 정말 좋은 옷을 만들고 싶다. 더 많은 사람이 더 많이 안다르의 옷을 입는 것, 그것이 내 꿈이고 안다르가 지향하는 것이다.

신제품을 세일하는 이유

합리적인 판매 가격을 유지하면서도 수익을 내기 위해서는 많이 판매해야 한다. 이때 주문과 생산의 순환을 매끄럽게 이어가려면 재고율을 관리하는 것이 중요하다. 재고율을 낮춰야 손실을 줄일 수 있고 소비자에게 계속해서 합리적인 가격에 좋은 옷을 제공할 수 있다.

안다르에서는 매달 평균 30종 정도의 신제품이 나오고 있다. 신속하고 다양하게 신제품을 출시하면서 고객들의 니즈를 충족시키는 것은 안다르의 성장에 결정적인 역할을 했다. 신상이 많을 때는 매주 새로운 제품이 업데이트되는 경우도 있다. 그렇다 보니 주변에서 많이들 궁금해한다. 어떻게 그렇게 빠른 속도로 다양한 종류의 신제품을 계속해서 출시할 수 있냐고.

안다르는 소비자들의 다양한 니즈를 파악하기 위해서 빠르게 많은 제품을 출시하고, 출시 후 소비자들의 반응에 따라 재주문을 결정하는 식으로 생산 방식을 유연하게 조절하고 있다. 온라인을 기반으로 성장해온 회사이기에 가능한 방식인 것이다.

그 결과 안다르는 모든 패션 브랜드를 통틀어 재고율이 가장 낮은 편에 속한다. 보통의 패션 브랜드는 3년 이상의 재고도 많이 가지고 있지만 안다르는 3년 이상의 재고가 거의 없다. 또한 대기업과 비교해도 안다르는 가장 옷을 많이 생산하는 기업이다. 월 생산량이 15만 장인데 그 물량이 2주 안에 다 팔린다. 어떻게 이런 일이 가능할까?

여태까지 쌓은 데이터를 토대로 수요 예측을 하고 제품을 생산하는 건 당연하다. 안다르에서는 거의 매주 신제품이 나오는데 신제품 출시와 함께 세일을 한다. 다른 브랜드의 경우 신제품은 세일을 하지 않고 재고품을 할인해서 재고를 줄이는 방식이 흔하지만 안다르는 출시일에 세일을 해서 출시 첫날에 가장 많은 구매가 일어나며, 이로써 재고가 남을 리스크를 줄인다. 그 후로도 분기별 한 번 세일을 하기 때문에 재고는 거의 없고 초도 물량이 2~3주면 거의 소진되는 사이클을 유지하고 있다. 안다르의 온라인 사이트에서 많은 구매가 이루어지기 때문에 이벤트 등을 통해 재고를 소진하는 것이 그리 어렵지는 않다.

신제품이 자주 나오는 것은 높은 판매율로 이어지는 요소이기도 하다. 분기별로 신제품이 나오는 여느 브랜드에 비해 안다르는 거의 매주 신제품이 나오니 고객들은 더 자주 안다르 사이트에 들르게 된다. '또 어떤 옷이 나왔을까' 궁금해지고 '신제품이 나왔다면 그때 사야 할인된 가격으로 살 수 있는데'라는 생각으로 안다르 사이트를 즐겨 찾게 되는 것이다.

제품이 품절되면 재생산은 한정적이다. 기능성 웨어의 원단은 온도나 습도 등의 영향을 굉장히 많이 받기 때문에 재생산을 했을 때 동일한 퀄리티를 유지하기 어렵기 때문이다. 염색역시 처음 생산한 원단의 색과 완전히 동일하지는 않으며 미묘하게 차이가 나게 마련이다. 그래서 우리 직원들끼리는 '기능성 웨어는 생물'이라고 말하곤 한다.

여러 가지 변수를 통제하며 생산과 수요의 밸런스를 맞추는일이 쉽지는 않다. 특히 안다르 제품은 품절이 너무 빨리 생겨곤란할 때가 있다. 그래서 수요 예측을 너무 보수적으로 하는건 아닌지 점검 중인데 이런 과정을 거치고 앞으로 데이터가쌓일수록 더욱 수요 예측이 정교해질 것 같다.

돈이 많든 적든 입을 수 있는 옷

안다르가 합리적인 가격을 유지할 수 있는 데는 중간업체를최소화해서 비용을 줄인 것도 한몫했다. 보통 큰 의류업체들은의류 프로모션 업체를 통해 제품을 관리하는 경우가 많다. 의류프로모션 업체는 옷의 디자인부터 생산과 부자재까지 모든 것을 대행해주는 업체다. 안다르의 경우 프로모션 업체 없이 제품

생산의 전 과정은 물론, 판매까지 모두 본사에서 직접 관리한다. 이렇게 해서 제작부터 판매까지 일원화된 채널을 통해 퀄리티를 유지하는 동시에 불필요한 비용은 최소화하는 것이다.

처음에는 그런 시스템이 있다는 걸 몰라서 못 했고, 한때는 프로모션 업체를 두고 일을 진행한 적도 있다. 하지만 결과적으로 프로모션 업체가 안다르에서 원하는 퀄리티를 맞춰주지 못했고 장기적으로는 소비자가에 부담이 될 수 있다고 생각했다.

공장 생산을 직접 컨트롤하다 보니 중간업체를 생략할 수 있었고 원가를 낮출 수 있었다. 뿐만 아니라 제품에 대한 높은 이해도를 즉각적으로 판매 채널에 반영할 수 있다.

또한 안다르는 모든 제품을 한 공장에서 생산하는 대신 제품 라인별 공장을 따로 두었다. 우리 제품을 단독으로 수주하는 공장이 국내에 다섯 곳, 베트남에 한 곳이 있다. 공장을 따로 둔 것은 생산성을 높이기 위해서다. 예를 들어 한 공장에서 하루에 옷 5만 장을 만들 수 있다고 해보자. 그러면 이 공장에는 여러 옷을 맡기는 게 아니라 레깅스만 5만 장을 발주한다. 이 공장은 레깅스라는 하나의 디자인만을 만들기 때문에 점점 생산량이 늘어나서 한 달 뒤에는 8만 장을 만들 수 있는 능력을 갖게 된다. 이렇게 하면 우리 입장에서는 제품을 안정적으로 공급받을 수 있고 공장 입장에서는 생산량을 확보할 수 있다. 우리 생산량이 많아지면서 이들 공장은 1년 내내 물량이 떨어져 본 적이 없다.

이렇게 한 결과, 처음에 다짐했던 대로 합리적인 가격을 유지할 수 있게 되었고 덕분에 더 많은 사람에게 다가갈 수 있게 되었다. 2020년 신년에 전 직원에게 발표한 안다르의 경영전략 역시 '좋은 상품을 좋은 가격에'이다. 예를 들어 맥도날드에는 걸어서 가는 사람도 있고 고급 차를 타고 가는 사람도 있지 않은가. 그런 것처럼 돈 있는 사람도 돈 없는 사람도 우리 옷을 사 입게 만들고 싶다. 또한 초보 강사 시절 비싼 브랜드 옷을 입지 못해 옷을 만들기 시작했다는 브랜드의 탄생에 담긴 마음을 이어가고 싶다.

특정 연령층이나 소비층에 국한되지 않고 누구나 쉽게 접근해 친숙하게 입을 수 있는 브랜드가 되었으면 하는 바람이다. 어느 집에든 옷장 속에서 안다르 옷 한두 벌쯤은 나오는, 그런 날을 기대해본다.

아웃사이더가 만든
'인싸'의 길

　전 세계적으로 양극화가 극심해지고 있다고 한다. 이제 '개
천에서 용이 나는' 시대가 아니라고도 한다. 무일푼으로 부자
가 된다는 것은 동화 속에서나 나오는 비현실적인 이야기로 받
아들여진다. '나는 학벌도 변변찮고 부모한테 기대할 것도 없
으니 인생의 반전은 없다'고 자조적인 말을 내뱉는 청년도 보
았다. 90년대생으로 같은 시대를 살아가는 사람으로서 안타까

울 때가 많다. 정말 평범한 사람들에게는 희망이 없는 세상인 걸까?

나 또한 혼란스럽고 힘겨운 10대와 20대를 지나왔다. 어릴 때부터 너무 산만한 탓에 엄마는 나를 병원에 데려간 적도 있다고 한다. 다른 친구들이 당연한 듯 공부에 매진하는 동안 일찌감치 미용 분야로 진로를 정했으니 일반적인 시선에서 보면 나는 경로를 이탈한 학생이었을지 모르겠다. 그렇다고 친구들과 잘 지냈냐 하면 그것도 아니어서 늘 무리에 잘 섞이지 못하고 겉도는 아웃사이더였다.

집안도 지극히 평범했고 고등학교 때는 부모님이 이혼을 하시기도 해서 일찍부터 자립해야 한다는 생각이 강했다. 엄마와 살다가 일을 시작하면서부터는 아빠와 살았는데 월세나 식비가 들지 않는다는 것만으로도 감사했다.

최저임금에 가까운 시급을 받았던 사회 초년생 시절은 하루하루가 힘들었다. 돈 욕심은 워낙에 없는 성격이지만 그래도 사람이다 보니 이른바 '현타(현실자각 타임)'가 올 때도 있었는데, 그건 컴플레인을 받을 때도 갑질을 당할 때도 아니었다. 내 또래의 고객이 1,000만 원씩 이용권을 끊어서 오고, 나는 그 사람의 발을 케어하고 있다는 사실. 월급 70만 원에도 불편함을 못 느낄 정도로 물욕이 별로 없던 나였는데 난생처음 마주한 빈부

격차가 혼란스럽기도 했다. '발렛'이 뭔지도 그때 처음 알았을 정도로 세상물정을 모르고 정신적으로도 미숙했던 사회 초년생 시절이었기에 더욱 그랬을 것이다.

창업을 하고 얼마 지나지 않았을 때다. 바쁘게 일하느라 몸 상태가 아주 안 좋아졌는데 그 스파 생각이 나는 거다. 거기 가서 관리를 받으면 얼마나 좋을까. 당시에도 스파 가격이 부담스러워서 선뜻 가지 못하고 망설이다가 큰맘 먹고 한번 간 적이 있다. 스파에 들어서니 내가 일하던 시간들이 파노라마처럼 스쳐 지나가면서 울컥하기까지 했다. 그리고 내가 고객이 되어 보니 그렇게 자괴감을 느낄 정도로 고객들이 나와 자신을 구분 짓지 않았겠구나 하는 생각이 들었다. 그저 이 사람은 직업인이고 나에게 서비스를 제공해주는 것에 대해 충분히 고마워하며 왔을 것이고, 나는 직업인으로서 돈을 받은 만큼 성의껏 서비스를 해주면 되는 것이었다. 내가 고객이 되어보니 그걸 알게 되었다. 일을 할 때도 그 사실을 알았더라면 좀 더 즐겁게 일할 수도 있었을 텐데, 쓸데없이 감정 낭비를 하지 않아도 되었을 텐데 하는 생각이 들었다.

사실 테라피스트라는 직업은 사회적으로 아웃사이더에 가까웠다. 지금이야 테라피스트가 전문 직업으로 인정을 받지만 당시만 해도 인식 자체가 별로 없었기 때문이다. 그래서 내가 어떤 일을 하는지 설명하기도 힘들었고, 말을 해도 "마사지사 요?"라며 미심쩍은 반응을 보이는 경우도 많았다. 하지만 내가 택하고 노력해 걸어가는 길을 후회한 적은 없다.

공부 잘하고 친구들에게 인기 많고 좋은 대학에 가고 사회적 위치가 높은 직업을 택하고…. 이런 것은 나와는 상관없는 이야기였다. 어쩌면 줄곧 아웃사이더로 살아온 나. 그저 내가 하고 싶은 것을 좇아 왔을 뿐이다. 최저시급을 받든 사회적 인식이 좋지 않든 다른 사람을 더 건강하게 만들어주는 일이 나한테는 가장 값진 일이었다. 내 직업의 가치는 다른 누구도 아닌 나 자신이 정한다, 그런 생각으로 내 일에 최선을 다했다.

언제나 '왜'라는 의문과 함께

하루는 세 살 된 딸아이가 고집을 부려서 내가 힘들어하고 있으니 엄마가 말했다.

"넌 저것보다 100배는 더했어."

돌이켜보면 정말 그랬다. 호기심이 많아서 궁금한 건 다 열어 봐야 했고 지하철을 타면 끝부터 끝까지 쉬지 않고 왔다 갔다 했다. 혼이 나도 주눅이 들지도 않았다고 한다. 머리가 커지면서는 내 주관이 더 강해져서 의견이 부딪히면 부모님도 설득을 포기했다. 욕심은 없었지만 원하는 게 생기면 쉽게 포기하지 않았다.

나는 순응하기보다는 언제나 '왜?'라는 의문을 달고 살았던 것 같다. '왜 그렇게 해야 하는데?' '왜 이렇게 하면 안 되는 건데?' 국내에 요가복 시장이 없다는 것을 알았을 때도 '사람들이 안 하는 덴 이유가 있는 거야'가 아니라 '사람들이 안 하니까 내가 해봐야지'라고 생각했다.

요가복을 만들 때도 다들 '이쯤 하면 됐다'라고 할 때 나는 끝까지 디테일 하나하나를 구현하겠다고 고집하는 경우가 많았다. 고집 센 내 기질이 자기중심적인 아집이 아니라 제품력을 향한 고집이 되었기에 안다르의 차별화된 제품들이 나올 수 있었을 것이다.

물론 이런 이야기가 성공한 사람의 결과론으로 보일지도 모른다. 하지만 가진 게 없고 길이 안 보인다고 하더라도 작은 경험과 결실을 착실히 쌓아가다 보면 내가 없는 길을 만들어낼 기회와 맞닥뜨릴 수 있다. 그럴 때는 두려워하지 말고, 남들 시선에 흔들리지도 말고 내가 원하고 생각하는 대로 밀어붙여보는 것도 좋지 않을까. 그 길이 예상치 못하게 큰길을 만날 수도 있으니 말이다.

숫자로 설명할 수 없는 것

얼마 전 캐나다에 본사를 둔 유명 요가복 브랜드 '룰루레몬'에 대해 소개한 매거진에서 그 회사의 혁신을 주도하는 R&D 센터 '화이트 스페이스 랩'에 대한 내용을 보았다. 화이트 스페이스 랩은 일종의 제품 개발 연구소로, 옷의 기능성만큼 입었을 때의 느낌을 중시하기 때문에 이곳에서는 추상적인 언어로 대화를 한다고 한다.

즉, 이곳에서는 수치로 설명할 수 없는 것만 다루는 것이다. 화이트 스페이스는 화면상으로는 아무것도 표시되지 않는 여백을 뜻한다. 눈에 보이지 않지만 분명히 존재하는 그 무언가를 잡는 것이 경쟁력을 크게 좌우한다는 것이다. 나는 룰루레몬이 이것을 이미 알고 팀까지 따로 있다는 것이 놀라웠고 또 여태 내가 한 방식이 틀리지 않았다는 것도 새삼 깨닫게 되었다. 그리고 내가 처음 룰루레몬 옷을 입고 느꼈던 감동의 실체를 알게 된 느낌이었다.

그 분야의 프로들에게는 많은 입구가 있고 그 입구를 통과하는 매뉴얼이 있을 것이다. 그런데 아웃사이더였던 나는 전혀 다른 입구로 들어간 셈이다. 문제를 해결하기 위해 접근하는 방법이 그 분야의 프로들과는 전혀 달랐던 것이다. 그래서 더 고생하기도 했지만 그만큼 아무것도 없이 시작한 브랜드가 빠르게 제품력을 확보할 수 있었고 처음부터 사람들 니즈에 부합해 이렇게까지 성장할 수 있었다고 생각한다.

사람은 무엇으로 도전을 결심하게 될까. 분명 그 시작은 숫자로 설명할 수 없는 무언가일 것 같다. 숫자는 그 실행과 소통을 도울 뿐이 아닐까. 그렇기에 내 마음 속의 여백에 무언가가 잡힌다면 놓치지 않기를 바란다. 거기에 천직이 있을지도 모른다.

4장

옷이 아니라 문화를 만들다

나이나 체형에 관계없이
나답게, 당당하게

"타깃으로 하는 연령대는 누구인가요?"

마케팅에 대해 이야기할 때면 항상 듣던 질문이다. 나도 안다르의 타깃 연령대라는 것에 대해 진지하게 생각해보았다. 오프라인에 옷을 사러 오는 고객들, 온라인 쇼핑몰에 달린 고객들의 댓글을 떠올려보았다. 요가복이라고 하면 보통은 2030대 여성이 살 것이라고 생각할 것이다. 하지만 40대 엄마가 10대 자녀와 함께 오는 경우도 많았다. 젊은 세대는 부모 세대와 친밀한 경우가 많고 특히 딸과 엄마일수록 더 그렇다. 같이 요가나 필라테스를 하고 옷을 같이 입기도 한다. 후기만 봐도 알 수 있었다. "같이 운동하려는데 엄마 요가복 사주고 싶어요"라든가 "우리 딸 요가복이 필요해요"라는 반응이 많았다. '꼭 한 연령대를 정해야 하나?'라는 생각이 들었다.

"대한민국 사람이라면 전부 우리 타깃 고객이에요."

그다음부터 같은 질문을 들을 때마다 이렇게 대답했다. 마케팅 전문가 입장에서는 아마추어 같은 대답으로 들렸을지 모르겠다. 그러나 경험과 감으로 느낀 내 생각은 그랬다. 운동을 하는 곳이건 카페 혹은 식당에 가건 특정 연령대만 몰려 있는 곳은 생각보다 많지 않다. 연령대에 따라 취미나 취향이 극명하게 갈리지는 않는다는 뜻이다. 그리고 연령대에 상관없이 하고 싶은 운동을 하고 일상을 누릴 수 있도록 돕는 것이 안다르의 목표이기도 한다. 세분화된 타깃 고객을 정하는 것이 기존 마케팅의 법칙인지는 모르겠으나 전 세대를 아울러 공략해야 한다는 게 내 결론이었다. 그리고 지금은 남성과 아이들로까지 타깃을 넓히고 있다.

이와 같은 관점을 가지고 진행한 게 '1 and 1' 프로모션이었다. 두 벌을 묶고 두 벌 가격보다 저렴하게 판매한 것이다. 나처럼 박봉의 강사에게 저렴한 가격에 두 벌을 살 수 있게 해주고 싶었다. 또 엄마와 함께 운동하려는 딸, 혹은 딸과 함께 운동하려는 엄마도 저렴하게 두 벌을 살 수 있을 거라고 생각했다. 또 요가복을 살 때는 화려한 무늬가 들어간 옷을 사고 싶다가도 질릴지 모르니 무난하게 어두운색을 사는 경우가 많은데 이 고민을 덜어준다는 의미도 있었다. 그래서 검은색과 컬러가 들어간 것을 세트로 판매하기도 했다.

또한 공식 모델도 여러 세대를 아우를 수 있도록 선정했다. 신세경, 소이현, 있지를 선정했다. 2~30대는 신세경, 3~40대는 소이현, 10대는 있지(ITZY)를 타깃으로 해서 대부분의 연령층이 레깅스를 아무렇지 않게 입는 걸 보여주고 싶었다. 최근에는 '모두의 레깅스'라는 브랜드 캠페인에서 일흔이 넘은 고령의 나이에도 모델로 활동하는 최순화 씨를 주인공으로 삼기도 했다.

나이와 상관없이 누구나 건강하고 아름다운 삶을 누릴 수 있고, 많은 사람이 그런 삶을 꿈꾼다. 소비자를 세분화하는 대신 통합하고 경계를 깨뜨린다는 생각은 시장에서 적중했다. 창업 첫해 8억 9,000만 원이었던 매출이 721억 원으로까지 커진 건 이런 통찰 덕분이었다고 생각한다.

마르든, 통통하든 입는 레깅스

나도 대한민국의 한 여성으로 현재 여성들이 느끼는 불안이나 불편을 가지고 있다. 20대 초반까지만 해도 나는 다이어트가 생활이었다. 10대 시절부터 내 체형에 자신이 없었다. 또래 여자아이들보다 키도 크고 덩치도 큰 편이었기 때문이다. 심지어 발도 커서 친구들의 자그마한 신발 옆에 내 커다란 신발이 놓여 있는 것도 창피했다. 168센티미터에 60킬로그램. 그리 과체중이었던 것도 아닌데 내가 생각하는 '평범'의 기준에 들지 못한다고 생각했다. 그저 다른 아이들과 좀 다르거나 튀는 것, 또래 집단에 속하지 못한다는 느낌에 불안했다.

옷 사이즈도 66이나 77을 입었기 때문에 55를 입어야 한다는 강박관념 속에 살았다. 더군다나 취업해서 일을 시작하면서 내 몸을 돌볼 시간이 줄고 스트레스성 폭식까지 겹치면서 갑자기 살이 많이 쪘다.

그래서 없는 시간을 쪼개 요가를 시작했고 요가를 하며 몸뿐 아니라 정신적으로도 큰 도움을 받았다. 내 몸에 집중해 신체 하나하나를 느끼다 보니 존재하고 있다는 그 자체로 감사하고 내 몸이 소중하게 느껴졌다. 그러면서 획일화된 날씬함의 기준과 강박에서 탈피할 수 있었다.

요가복을 만들기 시작했을 때도 체형에 관계없이 레깅스를 입고 싶으면 편하게 입을 수 있는 제품을 만들고 싶었다. '날씬해 보인다'거나 '말라 보인다'다기보다는 본인의 체형 그대로를 드러내도 충분히 당당할 수 있도록 만들어주는 것이 내가 생각하는 '보정력'이었다. 저마다 자신이 가진 체형의 장점을 살릴 수 있고 단점은 굳이 부각시키지 않는 옷을 만들고 싶었다.

많은 사람이 레깅스는 날씬해야만 입을 수 있다고 생각하는 걸 보고, 왜 레깅스를 부담스러워할까 고민했다. 그 결과가 Y존을 없애는 것이었고 광택 원단이 몸을 부해 보이게 만들기 때문에 무광택 원단을 사용했다. 또 내가 엄격하게 본 것은 엉덩이 밑 주름이었다. 레깅스를 입었을 때 두 줄 이상이 생기면 안 된다는 게 내 원칙이다. 주름이 두 줄 이상 가면 입었을 때 핏이 좋지 않고, 그러면 입는 사람은 자신감이 떨어질 것이고 가리고 싶어 할 것이기 때문이다.

그러나 이런 마음과는 달리 브랜드의 메시지를 전달하고 표현하는 방식엔 서툴렀다. 기존의 '날씬해 보인다'는 정도의 단어밖에 나오지 않았고 마르고 날씬한 모델들이 등장했다. 모델 에이전시에는 날씬한 모델밖에 없으니 별다른 선택권이 없기도 했다. 설사 다른 시도를 하려고 했어도 어떻게 해야 할지를 몰랐을 것이다. 날씬한 모델이 레깅스를 최대한 슬림하게 표현

해주는 것이 그들의 당연한 역할이라고 생각하기도 했다. 기존 업계에서 하던 방식을 우리도 그대로 따른 것이다. 한편으로는 보정력이라든지 슬림한 라인 같은 것의 의미를 조금 다르게 풀어가고 싶은 마음이 점점 더 커졌다. 획일적인 좋은 몸매의 기준과 틀을 깨는 표현과 메시지가 좀 더 폭넓게 소비자에게 다가갔으면 했다.

한편으론 안다르의 인지도가 커지면서 안다르에서 만드는 광고 이미지 등이 선정적이지 않냐는 비판이 들려왔다. 나에게 레깅스는 일상복과 같아서 레깅스를 그런 시선으로 보는 것이 나로서는 더 낯설었다. 요즘 하의로 레깅스를 입는 사람이 많아지면서 레깅스 차림이 공공장소에서 적절한가에 대한 논쟁도 있는 것으로 안다. 몸매가 적나라하게 드러나기 때문에 부정적 시각이 있는 것인데, 애슬레저 문화가 좀 더 확산되면 레깅스도 그저 하나의 의복으로 자리 잡게 되지 않을까 싶다.

더 많은 사람이 레깅스를 착용해서 더욱 대중화되려면 다양한 체형을 가진 사람들이 편하게 레깅스를 입을 수 있어야 한다. 이런 이야기를 하면 오해할 사람이 있을지 모르겠는데, 반드시 레깅스를 입어야 한다고 말하는 것은 아니다. 레깅스를 입고 싶지 않다면 굳이 입을 필요는 없다. 그래서 안다르도 슬랙스나 조거핏 등 다양한 스타일의 하의를 출시하고 있다. 다만 레깅스를 입고 싶은데 자신의 체형에 대한 걱정이나 주위의 시선 때문에 못 입는 일은 없었으면 한다는 것이다.

내가 생각하는 애슬레저룩의 중요함은 편안함이다. 슬랙스를 입어도 불편하게 입는 정장 스타일보다는 다리를 쫙쫙 펼칠 수 있을 정도로 편안한 옷을 지향했다. 애슬레저룩은 더 이상 운동복에만 머무는 것이 아니라 일상 속에서 힘주지 않고 자연스럽게, 나답게 입을 수 있는 옷이라 생각한다. 그래서 앞으로도 계속 입고 싶은 옷을 입을 수 있는 환경과 문화를 만들고 싶다.

모두의 레깅스

안다르 구성원들과도 자주 애슬레저 문화에 대한 이야기를 나누었지만 그 확장성에 대한 표현 방법과 시기는 고민이 되었다. 소비자들이 받아들일 수 있을 것인지, 다시 말해 수요를 유지할 수 있을지도 기업으로서는 중요한 고려 사항이기 때문이다. 그러다 미국 덴버에 갈 일이 생겼는데 미국에서 떠오르는 애슬레저 브랜드인 '애슬레타Athleta' 매장에 들르지 않을 수 없었다. 애슬레타는 의류 브랜드 갭Gap, 빅토리아 시크릿, 아베크

롬비 등을 보유한 갭 그룹에서 1998년 론칭한 브랜드로 갭의 새로운 성장동력이 되고 있다. 이 역시 애슬레저의 시장가능성을 보여주는 한 예다.

애슬레타 매장에 들어섰을 때 나는 깜짝 놀랐다. 가장 먼저 시선을 잡아끈 것은 커다란 마네킹 하나. 이 매장에는 우리가 흔히 보는 길고 얇은 비현실적 몸매를 가진 마네킹이 아니라 다양한 체형을 가진 마네킹이 서 있었다.

'이제 그냥 날씬함만 강조하는 건 지나가는구나. 시장 가능성이 있겠구나.'

그때 확신이 생겼다. 하지만 뜬금없이 안다르 매장에 큰 마네킹을 갖다놓을 순 없는 노릇. 사전 캠페인이 필요했다. 때마침 마케팅팀에서 제안한 '모두의 레깅스' 광고 캠페인을 보고 '바로 이거다' 싶었다. 나는 단번에 동의하고 적극적으로 추진해 나갔다. '모두의 레깅스' 캠페인에는 '자신의 몸을 있는 그대로 사랑하자는' 바디 포지티브Body Positive 메시지가 담겼다. 매주 공개한 광고 영상에서는 플러스 사이즈 모델이 당당하게 춤을 추기도 하고, 축구와 자전거 라이딩을 즐기는 여성이 등장하기도 한다.

특히 카리스마 넘치는 77세의 시니어 모델이 패션 페스티벌 런웨이에 도전하기 위해 노력하는 실제 모습을 담은 영상은 뭉

클하기까지 했다. 영상에서는 '하고 싶은 일을 만나는 것이 언제일지는 모르지만, 할 수 있는 몸을 만드는 것은 언제든 할 수 있다'라는 말과 함께 최순화 모델이 요가 동작을 한다. 이는 최순화 씨가 패션 페스티벌 런웨이에 도전하기 위해 부단히 노력하는 실제 모습을 반영한 것이다. 이 캠페인이 SNS를 통해 공개된 후 감동받았다는 소감을 전하는 사람이 많았다. 이것이 바로 안다르가 지향해야 할 점이라는 생각이 들었다. 운동을 즐기고 도전하며 '나답게' 일상을 꾸려나가는 데는 나이도 체형도 따로 없다.

▲ 나이나 체형에 상관없이 자신의 몸을 사랑하고 건강한 삶을 꿈꾸게 돕는 것은 안다르의 목표이기도 하다.

또한 슬림한 바디 연출을 위해 무리하게 다리를 압박하는 '압박형 레깅스'가 아닌, 건강과 활동성에 친화적인 제품들을 꾸준히 선보일 것이다. 레깅스를 입었을 때 보기 좋거나 좋지 않다는 것은 누가 판단하는가? 우리의 미적 의식이 판단한다고 착각하기 쉽지만 결국엔 미디어와 기업들이 만들어낸 이미지일 가능성이 크다고 본다. '애플힙을 가지지 않으면 레깅스를 입으면 안 될 것 같은' 관념이 우리도 모르는 새에 주입되는 것이다. 그렇다면 이런 의식을 바꾸는 것도 미디어와 기업들의 책임이다. 안다르도 기업이기에 의도했든 하지 않았든 여기에 일조했을 것이고, 더 늦게 전에 의식 개선을 위해 할 수 있는 일을 하고 싶다.

여성들의 역할과 위치는 앞으로 더욱 다양해질 것이라고 생각한다. 안다르는 그 변화에 맞춰 발전하는 과정에서 비판이 있다면 비판을 받아들이고 개선하면서 더 좋은 방향으로 나아가고 싶다. 안다르는 꾸준히 이로운 목소리를 낼 수 있는 브랜드로 성장할 것이다.

애슬레저 문화를 이끄는
컬처 브랜드

2019년 우리 브랜드가 추구하는 본질과 정체성을 설명할 수 있는 슬로건이 필요하다는 생각이 들었다. 회사에서 우리 브랜드의 본질이 무엇인지를 논의하다가 당신의 삶의 이야기를 더 특별하고 새롭게 확장한다는 의미의 'Stretch your story'라는 슬로건이 탄생했다. 안다르와 함께하는 모든 사람이 일상의 행복을 더 넓힐 수 있도록 돕는 것, 이것이 안다르가 나아가야 할 방향이라는 뜻이다.

일상과 운동의 경계를 허무는 아이템을 만들고 싶다는 것이 초창기부터 내가 가진 바람이었다. 안다르가 추구하는 이 모든 것을 한마디로 설명하는 것이 애슬레저athleisure다. 애슬레저란 운동athletic과 여가leisure 요소를 결합한 말로, 애슬레저룩이란 운동에 적합하면서도 일상에서도 편안하게 입을 수 있는 복장을 말한다. 우리나라에서 애슬레저 문화가 막 태동하던 시점에 안다르는 시장을 선점할 수 있었고 애슬레저 시장의 성장과 맞물려 안다르도 크게 성장할 수 있었다. 그리고 이제는 기존 요가복에서 라이프스타일 의류까지 제품의 범위를 넓히고 있다. 라이프스타일 의류가 나올 수 있었던 것은 원단의 발전과 시장의 성숙에 따른 결과였다.

슬랙스도 애슬레저룩이 될 수 있다

슬랙스도 그렇게 탄생했다. 레깅스는 몸매가 드러나서 부담스럽거나 입을 장소가 제한적이라고 느끼는 사람도 있을 것이다. 그런 사람들에게 레깅스를 입으라고 말하고 싶진 않다. 대신 레깅스를 대체할 다른 제품을 소개하고 싶다. 그런 생각으로 사람들이 직장에 갈 때나 평소 생활할 때 어떤 하의를 많이 입는지 눈여겨보았더니 슬랙스를 많이 입는다는 것을 알 수 있었다. 그렇다면 레깅스와 같은 기능성을 갖춘 슬랙스를 만들면 어떨까. 쭈그려 앉기 불편하고 허리 부분이 불편한 슬랙스가 아니라 좀 더 활동하기 편하고 오랜 시간 입어도 불편하지 않으면서 격식 있는 자리에도 어울리는 슬랙스! 사람들은 바지라고 하면 크게 청바지, 정장바지 혹은 운동복으로 나누는데, 안다르의 슬랙스는 정장바지와 운동복을 결합한 형태, 즉 애슬레저를 상징하는 제품이다. 이런 슬랙스가 있다면 낮에 활동하기도 편하고 퇴근한 뒤에 옷을 갈아입지 않고 바로 워킹 같은 가벼운 운동을 할 수 있다.

슬랙스를 만들기 위해 여러 가지 원단을 테스트한 끝에 '에어스트' 원단을 개발했다. 에어스트는 일단 구김이 없고 통풍과 건조가 쉬워서 쾌적하게 착용할 수 있다. 또한 트레이닝복에 주로 쓰는 우븐 원단에는 없는 신축성을 더했다. 슬랙스를 입으면 조깅도 할 수 있고 땀도 쉽게 마른다. 편하게 입고 벗을 수 있도록 지퍼나 단추 등의 부자재도 없앴다. 그러면서도 정장 상의와 매치했을 때 아무런 위화감이 없다.

슬랙스는 시작일 뿐이다. 라이프스타일 의류는 계속해서 확장되고 있다. 구스다운 같은 외투 제품은 물론 후드, 아노락 원피스, 모자, 가방 등 다채로운 상품을 선보이고 있다. 다운패딩의 경우 굉장히 가벼우면서도 보온력은 좋다. 게다가 신축성까지 갖춰 실용성이 높다. 제품군이 확장되어도 일상복을 운동복처럼 입을 수 있는 애슬레저의 기본 정신은 변하지 않는다.

다만 기존 라이프스타일 의류를 따라가기보다는 현시대와 문화에 맞고 안다르만의 감성을 보여줄 수 있는 제품들을 만들고 싶다. 그리하여 우리나라 애슬레저 문화를 앞서서 이끄는 브랜드로 성장하기를 바란다.

'단순한 제품이 아니라 문화를 만든다.' 이것이 안다르의 지향점이다. '모두의 레깅스'라는 캠페인도 이런 맥락에서 나온 것이다. 운동복을 통해 차별과 고정관념을 없애고 철학을 보여주며 문화를 만들어나가는 것.

테라피스트로 일할 당시 누워 있는 사람들을 일으켜서 운동을 하게 만들고 싶어 요가강사가 되었다. 사람들을 일으켜 운동을 도와주니 사람들한테 맞는 옷을 만들고 싶었다. 이제는 사람들이 일어나서 내가 만든 옷을 입고 움직이는 분위기를 만들고 싶다. 안다르에서 그런 문화를 만들어가고 싶다. 누워 있을 때만 행복한 게 아니라 몸을 움직였을 때의 희열, 몸을 쓰면서 사람들과 나누는 교감, 그 일상의 행복을 나누고 싶다.

일상복으로 입는
운동복

옷을 만들어 파는 데서 그쳐서는 안 된다. 옷을 만들었으면
어떻게 입을지, 라이프스타일과 문화를 제시하는 것 또한 중요
하다고 생각했다. 앞서 말했듯 '에어코튼 레깅스'는 일상복과
잘 어울리는 레깅스로 만들었다. 당시에는 기능성 레깅스를 스
타일리시하게 표현하는 브랜드가 없었다. 레깅스가 일상복인
나로서는 그 점이 항상 아쉬웠다. 나는 평소에 레깅스와 일상

복을 많이 매치해 입었기 때문에 내가 입는 방식을 보여주고, 동시에 내가 입고 싶은 스타일링도 안다르의 공식 홈페이지나 SNS 등을 통해 선보였다. 이는 일상과 운동의 경계를 허문다는 브랜드의 전략이기도 하다.

숨겨진 니즈를 읽어라

예를 들어 안다르에서 제안한 룩은 이런 식이었다. 레깅스에 청재킷이나 뷔스티에(어깨끈이 없는 짧은 상의)를 매치하기도 하고 어글리슈즈 같은 트렌디한 신발을 신은 모습을 보여주기도 했다. "나는 이런 식으로 레깅스를 활용해요. 이렇게도 레깅스를 입을 수 있어요"라고 보여주면서 레깅스에 좀 더 쉽게 접근할 수 있도록 하고 싶었다.

이런 시도가 소비자에게 어떻게 받아들여질지는 미지수였다. 그런데 얼마 가지 않아서 SNS 등에서 안다르가 제안한 그대로 입은 사람들의 사진들이 보이기 시작했다. 청재킷에 노란색 레깅스, 하얀 셔츠에 핑크색 레깅스…. 사람들이 그런 스타일을 스타일리시하다고 받아들이고 있었다. 레깅스에 청재킷을 입은 사람은 오프라인에서 직접 본 적도 있는데 얼마나 놀라고 기뻤는지 모른다.

옷을 만들며 가장 기쁠 때는 그 옷을 만든 내 마음과 의도가 소비자에게 가 닿았을 때다. 이때가 그랬다. 사실 나는 패션의 '패' 자도 모르는 사람이다. 옷을 만들기 전까지 1년에 옷을 한두 벌 살까 말까 할 정도로 옷에 관심도 없고 옷을 잘 입지도 못했다. 그런데 내가 스타일링한 복장을 사람들이 따라 입는다니? 너무 신기했다. 그런데 곰곰 생각해보면 내가 특별히 패션에 관심이 없기에 오히려 일반적인 시각에서 소비자들의 니즈를 캐치할 수 있었던 게 아닌가 싶다.

결국 사람들도 레깅스 같은 운동복을 일상적으로 소화해 좀 더 스타일리시하게 입고 싶다는 욕구를 가지고 있었던 것이다. 레깅스를 사서 일주일에 몇 번, 한두 시간 운동할 때만 입는 건 너무 아깝지 않은가. 운동할 때마다 옷을 갈아입는 것도 성가시다. 사회가 바빠지고 사람들이 효율성을 추구할수록 운동복과 일상복의 경계가 무너져갔다. 이것이 애슬레저 문화가 떠오른 하나의 요인이기도 하다.

그러니 많은 사람이 분명 레깅스를 더 활용하고 싶어 할 것이라고 생각했다. 우선 나 자신이 그랬고 주변에 운동하는 사람들의 바람도 그랬으니까. 사람들의 니즈가 끓을 듯 말 듯해 보였다. 끓는점이 되기 직전까지 다다른 것 같아서 '곧 끓을 것 같은데?' 하는 기분이 들었다. 물은 100도에서 끓지만 99도라고 해서 뜨겁지 않은 것은 아니다.

예상대로 사람들의 반응은 뜨거웠다. 단 1도만 높여주었더니 뜨겁게 끓어오른 것이다. 안다르의 시도가 운동복의 패션 트렌드를 이끈다는 기분이 들어 뿌듯했다. 옷을 판다는 것보다 사람들에게 영향을 미쳐서 뭔가를 변화시킨다는 건 정말 짜릿하고 행복한 경험이다. 그렇기 때문에 멈출 수 없다. 앞으로도 더 많은 사람의 삶에 건강과 효율 그리고 아름다움을 선물하고 싶다.

입기 전에
경험하세요

2019년 8월, 세계적으로 유명한 웰니스wellness 라이프스타일 페스티벌인 '원더러스트'가 우리나라에서 열렸다. 원더러스트는 도심 속 자연에서 요가를 중심으로 필라테스, 피트니스, 댄스 등 다양한 클래스와 음악이 함께하는 페스티벌이다. 세계적인 요가 마스터가 클래스를 열고 뮤지션들이 음악을 연주하는 다양한 스테이지가 마련된다. 그동안 전 세계 17개국, 49개 도시에서 개최되었던 것을 서울에서 개최한다고 하니 가보지 않을 수 없었다. 직원들과 다 같이 가서 페스티벌을 즐기기로 했다.

원더러스트가 열리는 한강 난지공원에 도착하니 그야말로 별천지였다. 우선 너무나 많은 사람이 참가했다는 데 놀랐다. 넓은 잔디 위에 수많은 사람이 요가매트를 깔고 저마다의 동작을 하고 있었다. 무대에서 가르치는 대로 하는 건 중요하지 않고 각자 할 수 있는 만큼, 하고 싶은 대로 요가를 즐기고 있었다. 더 놀란 건 남성도 많았다는 사실이다. 남자들이 삼삼오오 모여 요가 동작을 하는 모습이 여기저기에서 보였다. 말 그대로 축제다. 이 페스티벌에서 만난 사람은 요가를 잘하든 못하든 다 친구가 된다. 다양한 사람들이 만나 요가라는 하나의 관심사를 통해 친구가 되고 자연과 인간이 화합한다.

'요가가 단순히 하나의 운동이라기보다 문화가 되었구나.'

이런 생각이 들었다. 그리고 애슬레저가 우리나라에서는 이제 막 태동하는 단계라는 확신이 들었다. 요가를 주축으로 애슬레저 문화가 가지치기하듯 뻗어나가고 있었다. 그렇기 때문에 가능성은 무궁무진하다. 요가가 여러 문화와 접목되면 훨씬 더 많은 긍정적인 영향력을 펼칠 수 있을 것이다. 이처럼 요가를 매개로 한 문화행사를 안다르에서도 개최하려는 계획을 세웠다. 코로나 사태로 계획에 차질이 생기긴 했지만 문화를 만들어가려는 노력은 계속되고 있다.

경험을 제공하고 문화를 전한다

이제 사람들은 불편하고 남들에게 보여주기 위한 옷보다는 내 몸에 편하면서 효율적이고 합리적인 옷을 원한다. 게다가 운동이 생활화되어 있는 경우가 많고 자기 몸을 건강하고 아름답게 가꾸는 데 관심이 많다. 바쁜 일상 속에서 운동을 즐기려면 편한 옷이 필요한데, 여기서 편하다는 건 착용감이 편할 뿐 아니라 어느 공간에서든 어울려서 어디서든 입을 수 있다는 뜻이다. 기능성과 디자인을 겸비한 애슬레저가 인기를 끌 수밖에 없는 이유다.

이는 거스를 수 없는 세상의 흐름이라고 본다. 마치 스마트폰이 없던 예전으로 돌아갈 수 없는 것처럼 어떤 것이든 편안함과 효율성을 경험하고 나면 이전으로 돌아가기가 힘들다. 애슬레저도 마찬가지다. 애슬레저 슬랙스를 입어보면 이전에 입던 신축성 없는 슬랙스는 불편하게 느껴지는 것이다. 물론 애슬레저 슬랙스에도 단점이 있을 수 있지만 계속해서 진화하며 소비자의 니즈에 부합해갈 것이다.

더 많은 사람에게 애슬레저룩을 입게 하려면 그것을 경험하게 해주면 된다. 안다르는 오프라인에서 안다르의 브랜드 가치와 감성 그리고 제품을 경험하는 장을 만드는 데 주력하고 있다. 이런 공간은 제품뿐 아니라 문화를 경험하면서 더 많은 사람을 잠재고객으로 끌어들이고 시장을 키우는 역할도 한다. 현재 안다르의 직영 매장은 30개가 넘는다. 오프라인 매장은 오프라인으로만 옷을 사는 고객층을 위한 것이기도 하지만 안다르만의 문화를 보여주는 곳이기도 하다.

2020년 5월 강남역에 안다르 스튜디오 필라테스를 오픈했다. 요즘 나도 필라테스를 열심히 하고 있는데, 현대인에게 참 유용한 운동이라는 생각이 들었다. 필라테스를 통해 건강한 운동문화를 전파함과 동시에 안다르의 브랜드 이미지와 감성을 보여주는 공간을 만들어보고 싶었다.

필라테스 스튜디오에 등록한 회원들에게는 2주에 한 번 안다르 요가복이 무료로 제공된다. 안다르가 꾸준히 진행해오고 있는 오픈 클래스에서도 안다르 요가복을 선물로 준다. 이렇게 하는 이유는, 오프라인 공간을 단순히 제품이나 서비스를 사고파는 장을 넘어 브랜드를 경험하는 곳으로 만들고 싶기 때문이다.

인터넷과 모바일을 통해 전자상거래가 발달하고 '비대면'을 외치지만, 직접 입어보고 느껴보고 경험해본 것을 대체할 수는 것은 없다. 직접 경험해봐야 '이 옷을 입고 운동을 하면 좋구나' 하는 걸 체득할 수 있고, 이런 문화가 커져야 시장도 커진다. 단순히 옷 한 벌을 판매하는 것을 넘어 체험을 통해 사람들의 삶 속에 안다르라는 브랜드가 자리 잡게 된다. 그리고 이는 고객과 더욱 장기적인 관계를 맺을 수 있게 도와준다. 이처럼 더 큰 시각에서 사람들과 함께 누리고 나눌 경험과 문화를 고민하는 일이 즐겁고 보람 있다.

'바디 포지티브'로
해외를 사로잡다

2019년에 가장 가슴이 벅차오른 일이라고 하면 '원더러스트'를 경험한 것과 캐나다 밴쿠버 패션위크에 초청된 것이라고 할 수 있다. 나에게도 안다르에게도 새로운 지향점과 설렘을 준 일이었다.

2020 S/S 밴쿠버 패션위크에 안다르가 초청되었다는 말을 들었을 때 어안이 벙벙했다. 여러 번 강조했지만 나는 패션과

전혀 관계가 없는 사람이었다. 그런 내가 패션위크에 간다니! 대체 나와 패션의 연결고리가 뭔지 인생을 돌아보게 되었다. 어떻게 해서 전혀 관련이 없어 보이던 나와 패션이 연결된 것인가. 아무리 생각해도 참 신기하다. 이전에는 꿈도 꿔본 적 없던 옷 만드는 일이 업이 되었고 그게 꽤나 적성이 잘 맞아서 천직이라는 생각이 들 정도니 말이다.

그렇다면 어떻게 패션과 이어졌는지는 중요하지 않다. 지금 중요한 건 안다르가, 우리나라의 애슬레저 브랜드가 애슬레저의 본고장이라 불리는 캐나다 패션위크에 서게 되었다는 사실이다. 이건 정말 의미 있는 일이다. 게다가 디자이너들의 눈빛이 반짝반짝 빛나는 게 보였다. 패션에 문외한인 나로서는 디자이너들에게 많이 의존할 수밖에 없는데 그들의 눈에 기대감과 설렘이 서린 것을 보고 나도 마음을 다잡았다. 비용이 많이 드는 일이고 설사 좋은 성과를 얻지 못하더라도 우리 조직에 긍정적인 영향을 끼치는 일이 되겠다는 생각이 들었다. 이건 해야 한다! 해내야 한다!

그 후 1년이 넘는 시간 동안 새로운 제품 라인을 개발하고 컬렉션을 준비했다. 어떻게 하면 안다르라는 브랜드 이미지를 잘 전달할 수 있을까 모두 머리를 맞대고 고민했다. 안다르가 지향하는 브랜드 컨셉트인 '바디 포지티브'를 바탕으로 플러스

▲ 처음이라 더 열정적으로 안다르 사람들과 함께 준비한 패션쇼라 더욱 뜻깊었다.

사이즈 모델도 세워 다양한 사이즈를 선보였다. 어찌나 정신이 없었던지 쇼가 시작되기 직전까지도 내가 어디에서 뭘 하고 있는지 알 수 없을 정도였다. 그런데 쇼가 시작되고 모델들이 워킹을 시작하자 가슴이 벅차올랐다. 크게 숨을 들이쉬니 눈물이 왈칵 쏟아질 것 같았다. 왜 이 짧은 몇 분을 위해 1년을 넘게 준비하는지 알 것 같았다. 피날레 무대에 서서 우렁찬 박수를 받는 그 순간의 희열은 잊지 못할 것 같다.

안다르의 경쟁력을 확인하다

쇼가 끝난 후 현지의 반응도 폭발적이었다. 그곳에서 만난 관계자들 중에는 한국이라는 나라를 모르는 사람도 있었는데, 알지도 못하는 나라에서 온 브랜드인 안다르에는 관심을 드러내서 안다르가 어떻게 시작되었느냐부터 설명을 시작했다. 그 사람은 안다르를 알게 되어 한국이란 나라도 알게 된 것이니, 그 점도 무척 뿌듯하게 느껴졌다.

여러 애슬레저 브랜드를 보면서 시장에 대한 통찰력을 얻을 수 있었고 해외 시장을 단적으로나마 엿볼 수 있었다. 그러면서 안다르의 가능성도 더 다질 수 있었다. 안다르가 세계적인 브랜드들과 겨뤄도 기술적으로나 디자인적으로나 뒤지지 않겠다는 생각이 들었다. 해외 브랜드들과 경쟁해도 지지 않겠다는 자부심마저 들었다.

우리나라의 깐깐한 소비자들을 만족시킬 수 있다면 해외에서도 인정받기가 쉽다는 말을 들은 적이 있다. 안다르 역시 우리나라 소비자들의 엄격한 기준에 맞추고 높은 미의식을 충족시키기 위해 노력하면서 여기까지 성장할 수 있었다고 생각한다. 훌륭한 소비자가 없으면 훌륭한 제품은 결코 나올 수 없다.

패션위크를 계기로 해외 진출이라는 목표가 좀 더 또렷하게 시야에 들어왔다. 2025년까지 5개국에 진출하는 것이 안다르의 목표다. 현재 일본 온라인에 안다르 공식 몰이 오픈한 상태이고 중국 진출도 준비하고 있다. 아시아를 중심으로 차츰 반경을 넓혀가고 싶다.

또한 우리나라만의 애슬레저 문화란 무엇일까 더 고민하게 되었다. 예를 들어 서양에서는 브라탑과 레깅스를 일상에서 아무렇지 않게 입고 다니지만 우리 문화에는 적합하지 않다. 그렇다면 우리의 문화와 사람들의 의식에 맞는 애슬레저 문화로 발전해가야 할 것이다. 이는 앞으로도 계속 고민해야 할 주제다.

시장이 커지면서 애슬레저 브랜드도 많이 생겼고 대기업에서도 애슬레저 시장에 뛰어들고 있다. 경쟁이 치열해졌으니 긴장도 되지만, 후발업체가 많이 생겼다는 것은 그만큼 요가복 시장이 커졌다는 의미이기 때문에 무척 좋은 일이다. 또한 더 많은 사람이 애슬레저 문화를 받아들이고 건강에 대해 생각하며 운동을 일상화하고 있는 것 같아 기쁘다. 물론 안다르가 계속 업계의 혁신을 주도하고 싶다는 욕심도 있다. 선의의 경쟁을 하며 더욱 좋은 기술들을 개발해서 더 좋은 옷을 생산하고 시장도 키워갔으면 하는 바람이다.

새로운 도전과 경험은 언제나 짜릿한 성장의 기회를 준다. 나는 '결과보다 좋은 경험은 없다'라는 말을 자주 한다. 무언가에 도전해서 얻은 결과가 좋든 안 좋든 그 경험만은 유용하다. 그 경험이 내 안에 축적되어 미래를 도모할 양분이 되어주기 때문이다. 그래서 두렵고 불안해도 도전을 멈출 수 없다. 안다르가 어디까지 가능성을 펼칠지 나 또한 기대된다.

당당하고 자유로운 삶의 방식, 바디 포지티브

이제는 '여성스럽게' '남자답게'라는 말이 어색한 세상이 된 것 같다. 안다르의 브랜드 철학인 '바디 포지티브' 메시지를 담아 2019년 '모두의 레깅스' 브랜드 캠페인 영상을 공개했다. 이 영상들은 브랜드 철학인 '바디 포지티브'를 말하고 있다. 일상 속에서 매일 도전하는 모든 사람들이 안다르와 함께할 때 더욱 당당해지고 자신감 넘칠 수 있다는 메시지를 전하는 것이다. SNS상에서 공개된 이 캠페인 영상들은 많은 여성에게서 폭발적인 반응을 얻었다.

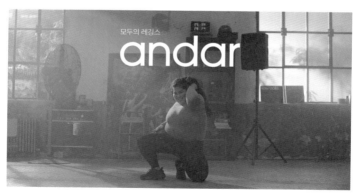

▲ '모두의 레깅스' 캠페인 : 댄스 처음으로 선보인 '모두의 레깅스' 브랜드 캠페인 영상에서는 자신감 넘치는 표정으로 멋진 댄스를 보여주는 플러스 사이즈 모델이 등장한다. '맞는 동작, 맞는 몸이 어딨어? 내가 즐거우면 그게 맞는 거야'라는 메시지를 전하고 있다.

▲ '모두의 레깅스' 캠페인: 축구 영상에서는 보다 액티브하게 축구를 즐기는 여성이 등장하며 '초중고 12년을 공을 피하는 피구만 했는데 걷어차는 게 이렇게 시원할 줄이야'라는 카피로 당당하고 자신감 넘치는 모습을 담아내 여성들로부터 많은 공감을 얻었다.

▲ '모두의 레깅스' 캠페인: 라이딩 '비를 피할 때도 있지만 빗속을 즐기는 때도 있는 거야'라는 문구와 함께 비가 오는 환경에서 거침없이 질주하며 라이딩하는 여성이 등장해 여성들의 당당한 스포츠 임파워먼트를 그려냈다.

5장

'인싸'들의 리더가 된 '아싸'

논리와 직관의
밸런스

    아마 많은 사람이 '감정적이다'라는 말을 들으면 기분이 나쁘고 '감성적이다'라는 말을 들으면 기분이 좋을 것이다. '감정'은 그 순간에 가지는 느낌이라면 이런 감정들을 통틀어서 '감성'이라고 한다. 그러니 다양한 감정의 스펙트럼을 가진 사람은 감성적인 사람이다.

    많은 사람이 요즘과 같은 시대에 성공하려면 이성적으로 분석하고 판단해야 한다고 믿는다. 물건 하나를 살 때도 넘치는 정보와 데이터를 분석하고 이성적으로 판단해서 사지 않으면 '호구'가 될 것만 같은 기분에 사로잡히는 시대다.

그러나 창업 초기에 나는 중요한 결정을 내릴 때면 이성과 논리보다 감성과 직관에 따르는 경우가 많았다. 요가복 시장에 가능성이 있다는 걸 직감하자마자 그리 길지 않은 망설임 끝에 사업을 시작한 것만 봐도 알 수 있을 것이다. 하지만 그 직관은 근거 없는 확신이 아니라 경험에서 나온 것이다. 요가강사로 일한 경험을 통해 요가복에 대한 수요가 분명히 있다는 확신을 가질 수 있었고 지금 시작하면 망하진 않을 거라는 믿음이 생겼다.

그렇다고 해서 감성과 직관만이 옳다는 이야기는 아니다. 나 또한 이제는 경험으로 축적된 데이터가 쌓이면서 데이터를 통해 논리적으로 판단하는 경우가 많다. 다만 흔히 이성적이고 논리적인 사람이 감성적이고 직관적인 사람보다 훌륭하며, 그런 사람이 더 성공할 수 있다고 생각하는 것 같아서, 거기에 대해서는 좀 다른 시각을 제시하고 싶다.

데이터가, 숫자가 무엇보다 중요한 세상이다. 그래서 어떤 좋은 기회를 발견해도 쉽게 뛰어들기가 더 망설여진다. 하지만 기회의 여신은 앞머리만 있다는 이야기처럼, 당신만의 직감을 쉽게 무시하지 않았으면 좋겠다. 내가 전 재산을 투자해 창업한 것도 내 직감을 따랐기 때문이다. 그렇다고 무모한 도전을 하라는 얘기는 아니다. 나 역시 이것저것 나름대로 따진 후 창업했다. 직감을 따랐지만 나름의 논리는 있었다고나 할까.

물론 나도 이제는 더 이상 직감으로만 움직이지는 않는다. 창업했을 때처럼 나 혼자만의 회사가 아니고 모두 함께 만드는 회사이기 때문이다. 그리고 회사의 결정은 논리와 이성에 따라 결정되기 쉽다. 그럼에도 불구하고 감성과 직관도 무시하지 않으려고 한다. 사람은 이성으로만 움직이지 않기 때문이다. 안다르에서 일하는 사람도, 안다르의 제품을 사는 사람도 마찬가지다. 논리와 이성을 중요시하되, 경험에서 우러난 직관과 감성도 무시하지 않는 것. 때로는 직감 하나로 삶이 바뀔 수 있다. 무엇보다 내가 그것을 잘 알기 때문에 그 밸런스를 유지하는 것은 앞으로도 중요한 숙제다.

'완벽한 준비'라는 허상

나는 직관을 믿었고 결심한 뒤로는 주춤거리지 않았다. 사업자등록을 냈을 당시 사업을 할 거라고 말하자 부모님은 나보다 더 불안해했던 것 같다. 누구한테 사기를 당하는 건 아닌가 의심하는 눈치로 창업 멤버였던 당시 남자친구이자 지금의 남편 명의로 사업자등록을 하는 게 낫지 않겠냐는 말을 넌지시 건네기도 하셨다.

"왜? 내 돈으로 하는 내 사업인데 내 명의로 해야지."

그 뒤로는 나 자신을 계속 몰아붙였다. 사업자등록을 냈으니 옷을 만들어야지, 옷을 만들었으니 팔아야지, 다 팔았으니 더 나온 옷을 만들어야지…. 흔히 하는 말로 '일단 저지르고 수습' 하면서 여기까지 온 것인지도 모른다.

원단을 찾는 과정에서 원단에 대해 공부했고 내가 원하는 요가복을 구현하려다 보니 봉제에 대해 전문가 수준으로 알게 되었다. 경영뿐 아니라 유통도 마케팅도 책이나 수업이 아니라 실전에서 배웠다. 재무제표를 보는 법부터 모든 것을 회사를 운영하며 실전에서 배웠다. 일을 하며 만난 많은 사람이 나에게 선생님이었고 멘토였다. 다들 각자의 분야에서 나보다 훨씬 많이 아는 사람들이니 그들에게 배우는 것이 많았다.

만약 이 모든 것을 학교에서 배웠다면 건성으로 듣거나 내 적성에 안 맞는다고 생각했을지도 모른다. 하지만 사업의 성패가 달린 실전에서는 그런 것은 생각할 거리도 되지 않았다. 무조건 익히고 알아야 했다. 실전에서 배운 것은 내 안에 깊이 체득되어 큰 자산이 되었다.

창업을 하기 전에 처음부터 완벽한 계획을 세우려고 했다면 어떻게 됐을까? 나와 비슷한 생각을 가진 누군가가 요가복 시장을 선점했을지도 모른다. 준비를 마쳤더니 트렌드가 이미 지나버리는 일도 충분히 있을 법하다. 너무나도 빨리 변하는 세상 아닌가. 아니, 어쩌면 시작도 못했을지도 모른다. 분석을 하다 보니 이런 점이 걸리고 이런 점이 걱정되어서, 혹은 실패한 사람들의 사례를 너무 많이 봐서 지레 겁을 먹거나 안 될 거라고 단정해버렸을지도 모른다.

무슨 일이든 미리 준비하고 계획하는 것을 나쁘다고 말할 사람은 없을 것이다. 시장조사를 철저히 하는 등의 준비는 분명 필요한 일이다. 하지만 완벽한 준비란 없다. 예상하지 못한 변수는 언제나 우리를 기다리고 있다. 더 준비해야 할 것은 그런 일들에 잘 대응해나갈 내 안의 굳건한 확신과 유연한 태도를 갖추는 일일 것이다.

어떤 리더가
되어야 할까

　나는 항상 최악을 생각하는 사람이다. 좋은 결과만 생각했다가 그에 비해 조금이라도 잘못되면 소위 말해 '멘붕'이 오니까. 그러지 않으려면 많은 경우의 수를 생각해야 하는데 잘되는 경우의 수는 적지 않다. 그러니 최대한 안 좋은 수를 다 생각해놓아야 상황이 닥쳤을 때 다음 단계가 떠오르고 수습해갈 수 있다. 그리고 최악을 생각하면 작은 성공에도 훨씬 더 기쁘다.

최악을 생각하는 데서 그쳐서는 안 된다. 최악을 고려해 여러 가지 대안을 마련하고 시뮬레이션을 할 다음에는 부정적인 면을 긍정적인 힘으로 전환한다. 예를 들어 부도가 나기 직전이었을 때 나는 부도가 나는 경우까지 각오했다. 하지만 '아직 부도가 난 건 아니니까, 더 해볼 수 있잖아'라고 생각하며 그 상황에서 문제 해결을 위해 최선을 다했다. 누군가에겐 부도 직전이니 절망스럽지만, 한편으론 아직 부도가 난 건 아니니 희망이 있는 게 아닌가. 어떤 마음을 갖느냐에 따라 상황은 상대적인 것이다

물론 이런 마인드컨트롤이 처음부터 잘된 것은 아니다. 처음에는 무조건 절망만 했다. 하지만 절망만 한다고 변하는 건 없었다. 결국 위기에서 할 수 있는 건 상황을 헤쳐나가거나 죽거나, 둘 중 하나인데 죽을 게 아니면 헤쳐나가야 한다. 그 원동력을 어떻게 끌어올 것인가. 마인트컨트롤을 어떻게 할 것인가. 수없이 위기를 맞으며 아직도 고민하는 문제다. 나는 무조건 긍정적으로 생각할 수는 없는 사람이니 이런 식으로 나 자신을 속이고 달래는 방법을 써온 것이다. 수없이 위기가 닥칠 때마다 그렇게 마음 훈련을 하다 보니 어느새 정말 내 안에 긍정의 힘이란 것이 작용하게 되었다.

'내가 왜 이걸 시작해서…'라고 후회한 적도 많다. 하지만 만

일 내가 계속 요가강사를 하고 있었더라도 그 상황에서 내가 감당하기 어려운 시련이 찾아왔을 것이다. 시련은 크기가 달라도 느끼는 건 똑같이 힘든 것 같다. 사람 사는 건 다 똑같다고 하는데 그 말에 갈수록 공감하게 된다.

안다르는 계속되는 내 인생의 도전 과제다. 만일 내가 안다르를 놓는다면 결과적으로는 편해지겠지만 그 뒤에 오는 공허함을 버틸 수 있을까 생각해보면 못 버틸 것 같다는 게 내 결론이다. 많은 스타트업 대표들을 봐도 그리 다르지 않은 것 같다. 하루하루가 자기 자신과의 싸움이다. 이것도 평생 하는 공부라고 생각한다. 도태되지 않도록 계속 혁신하고 도전해야 하는 것이다.

대표가 있는지 없는지 모르는 회사

내가 한 기업의 CEO가 될 것이라고는 상상해본 적도 없었기 때문에 그 자리를 자연스럽게 받아들이기까지도 시간이 필요했던 것 같다. 창업을 시작한 뒤부터 직원들과 협력업체, 투자자 등 만나는 사람들이 모두 나보다 뛰어나 보였기에 모두가 나의 멘토였다. 그 후 다른 CEO들을 만날 기회가 생기면서 더 많이 배웠다. 가령 '우아한 형제들'의 김봉진 대표는 감성과 이성을 모두 갖추고 남다른 통찰력까지 지닌 분이었으며, '마켓컬리'의 김슬아 대표 역시 뛰어난 통찰력과 능력을 갖춘 분이었다. 무엇보다 두 분 다 매우 겸손하다는 점이 인상적이었다.

"CEO에게 필요한 역량이 뭐라고 생각하시나요?"

이런 질문을 간혹 받는데 하나만 꼽기는 어렵다. 창업을 하고 기업을 운영하며 순간순간마다 필요한 역량이 다 다르다는 것을 알게 되었기 때문이다. CEO를 꿈꾸는 사람에게는 야속하게 들릴지 모르겠지만, 한 회사의 대표가 되는 사람은 모든 부분에서 뛰어난 역량을 가지고 있어야 하고, 그 역량들이 밸런스를 이루어야 한다고 생각한다. 완벽한 사람이야 있겠냐마는 높은 목표를 두고 그런 사람이 되기 위해 노력하다 보면 점점 내 이상에 가까워지지 않을까 싶다.

다양한 역량을 갖추어야 한다는 말이 대표가 모든 것을 다 해야 한다는 뜻은 아니다. 오히려 내가 생각하는 좋은 리더십은 '있는지 없는지 모르는 리더'다. 노자는 한 나라의 왕이 있는지 없는지 백성이 몰라야 한다고 말했다. 왕이 있는지 없는지 몰라야 나라가 잘 굴러간다는 뜻이고, 그런 나라가 태평성대를 구가한다는 것이다. 태평성대였던 중국 요순시대의 일화가 이와 같은 맥락이다. 왕이 암행을 나섰다가 만난 농부에게 왕의 이름을 알고 있냐고 묻자 "저는 만족하며 편히 지내고 있습니다. 왕의 이름 같은 건 알고 싶지도 않습니다"라고 했다. 태평성대의 시절이니 왕의 이름을 굳이 알 필요가 없었던 것이다.

기업도 그와 다르지 않은 것 같다. 대표가 어떤 리더십을 발휘하느냐보다 직원들이 만족하고 행복하게 일하며, 주인의식을 갖고 자신의 일을 잘할 수 있는 시스템을 만드는 것이 진정한 리더십이 아닐까.

그래서 직원들에게 동기부여를 주고, 성취감을 줄 수 있도록 내부 체계를 기획하고 복지 개선에도 힘쓰고 있다. 물론 아직 안다르의 기업문화나 근무환경에는 미흡한 점이 많다. 갈 길이 멀지만 할 수 있는 것부터 하나씩 채워나가고 싶다.

무엇보다 대표가 본질을 잃지 않으면 직원들에게도 동기부여가 되지 않을까. 대표가 한눈을 팔고 엉뚱한 길로 간다거나 브랜드 정체성이 모호해지는 일 없이 중심을 잃지 않고 비전을 제시할 수 있어야 한다. 그래야만 누구나 다니고 싶은 회사, 다니면서 자랑스러운 회사가 될 수 있을 것이다.

아웃사이더만의
네트워킹

"어떻게 창업해서 성공했나요?"

창업자라면 이런 질문을 많이 받을 것이다. 최근에 들은 이야기인데, 제대로 된 창업자라면 이런 질문에 '운이 좋았다'고 대답한다고 한다. 그 말에 공감한다. 그만큼 안다르를 만들고 키우는 데는 매 순간 예상치 못한 도움을 많이 받는다. 누군가와 대화를 하는 것만으로도 도움이 되기도 하고 상대는 의도하지 않았는데 도움을 받을 때도 있다. 협력업체들은 말할 것도 없이 편의를 많이 봐주신다. 그런 사람들을 만났다는 것만으로도 정말 큰 행운이다.

원래 누군가에게 도움을 구하거나 신세 지는 것을 꺼리는 성격이지만 창업을 한 뒤 경영은 혼자 할 수 없는 것이고 회사는 많은 사람의 도움 없이 존재할 수 없다는 것을 실감했다. 아웃사이더로 이 산업에 발을 디딘 후 도움은커녕 조언을 구할 사람도 내 주변엔 없었다. 모든 게 처음이니 하나하나가 다 난관이었는데 의논할 사람이 없으니 힘든 일이 닥쳤을 때는 특히 막막했다.

'사람을 만나야겠다.'

어떤 목적을 위한 인맥 쌓기가 아니라 다양한 사람들의 경험과 인사이트를 듣고 배우고 싶었다. 누굴 만나든 대부분 나보다 많은 경험과 지혜를 가졌으니 무조건 공부가 될 것이라고 생각했다. 시작은 투자자였고, 투자자를 만난 후 점점 더 다양한 직군의 사람들과 교류하게 되었다. 기업을 경영하는 경영인들도 물론 많이 만났다. 나보다 훨씬 나이가 많고 훌륭한 경영인이 왜 나를 만나줄까 의아할 때도 있었는데, 그런 분들 입장에서는 젊은 사람이 어떤 생각을 하는지 듣고 싶어 한다는 것도 알게 되었다.

경험은 가장 좋은 선생님

줄곧 아웃사이더로 살아왔기 때문인지 나는 사실 많은 사람과 함께하는 자리를 힘들어한다. 어떤 모임이든 다섯 명 이상이면 엄청나게 긴장을 해서 교류를 위한 모임에 참석할 때 청심환을 먹고 간 적도 있다. 그러고는 모임이 끝나면 항상 동행한 사람한테 내가 실수한 게 없는지 묻는다. 그래도 한 기업의 CEO로서 극복해야 할 일이고 나를 발전시킬 기회라고 생각했다.

그렇게 사람들을 만나고 교류를 하다 보니 자연스럽게 낯가림이나 긴장이 많이 완화되었다. 특히 내가 약했던 스몰토크도꽤 잘할 수 있게 되었다. 예전에는 "안녕하세요"라고 한 다음에무슨 말을 해야 할지 몰라서 침묵이 흘렀고 그 침묵을 견딜 수없어서 금방 자리를 피하곤 했다. 이제는 교통이나 날씨 같은가벼운 주제로 대화를 이어가는 법을 터득했다. 또 이전엔 낯간지러워서 하지 못했던, 상대방을 기분 좋게 만드는 칭찬도 늘어놓을 정도로 여유가 생겼다. 물론 여전히 모임에 갈 때는 긴장되고 처음 만나는 사람을 대하는 건 쉽지 않다고 느낀다. 하지만 언제나 모임이 끝나고 집에 오는 길에는 '만나길 잘했다!'고생각한다. 세상에는 내가 배울 점이 있고 영감을 주는 사람들이가득하다. 그들의 경험담을 듣는 것만으로도 나에겐 엄청난 자산이 된다. 동시에 나도 상대방에게 뭔가 도움이 되는 사람이 되려고 노력한다. 이런 식으로 사람을 대하는 태도와 마음가짐이 점점 더 성숙해지고 유연해지는 것 같아서 다행이다.

처음 협력업체들을 설득하고 함께 일할 때도 그랬고, 다양한 분야의 사람들과 교류할 때도 결국 중요한 것은 진정성이라는 것을 느꼈다. 사람들은 가진 게 별로 없더라도 진정성을 가진 사람은 쉽게 밀어내지 않는다. 그리고 사람을 많이 만나본 사람일수록 진정성을 잘 알아본다. 그렇게 생각하면 사람들을 만날 때 그리 긴장할 필요는 없다는 생각도 든다.

물론 생각처럼 쉽지는 않고 아직도 모임에 가거나 강연을 할 때 등 사람들 앞에 나설 때는 긴장이 된다. 아직 '인싸'가 되기엔 멀었다는 생각이 들고 어쩌면 영원히 불가능할지도 모르겠다. 하지만 한 기업의 CEO로서 좋은 리더가 되고 싶다는 바람은 나 스스로를 극복하고 노력하게끔 하는 원동력이다.

안다르만의 기업 문화를
만들기 위해

    많지 않은 나이에 많은 사람을 책임지는 대표가 되고 보니 처음에는 두렵기도 했다. 내가 특별히 리더십이 있는 사람도 아니었고, 그것을 알기 때문에 자신감이 없었다. 나이가 어리다 보니 처음에는 나이 많은 직원에게 휘둘리는 일도 있었다. 나이가 많으면 경험도 지혜도 많을 것이라고 믿었는데 꼭 그렇지만은 않다는 것을 깨닫게 되었다. 그 후로는 나이와 관계없이 업무 능력을 중시하고 진짜 경험을 가진 사람을 선호한다.

직원들을 이끄는 데 서툰 리더였는지는 모르겠지만 회사가 어떻게 나아가야 한다는 방향성 하나만은 확고했다. 그래서 내가 생각하는 방향성을 어떻게 직원들에게 설명하고 설득할 것인가를 항상 고민했다. 대표라고 해서 권위를 세워 내 입장을 관철시키려고 한 적은 없다. 그때나 지금이나 대표라는 '부심'을 부리는 게 가장 하수라고 생각하기 때문이다. 대표든 직원이든 능력을 발휘하면 자연스레 그 사람의 말에 귀 기울이게 되어 있다.

기업에서 정말 중요한 것은 각자 자신이 맡은 자리에서 역할을 다하는 것이라는 사실을 알게 되었다. 나를 포함한 조직의 구성원들이 자신의 자리에서 역량을 발휘하고, 회사가 커질수록 대표보다 많은 부분에서 실력 있는 직원들이 많아야 회사가 성장할 수 있다고 생각한다. 안다르가 끊임없이 인재 영입에 힘쓰는 이유다.

처음 투자를 받았을 때 투자자들의 조언에 따라 회사의 안정성을 위해 전문경영인도 모셔왔다. 그 편이 낫다고 생각했기 때문이다. 사업을 확장하려면 우리가 못 가진 능력과 혜안을 가진 인재들이 많이 필요하므로 각 분야의 임원급 인사들도 영입했다.

아무것도 없던 내가 브랜드를 이렇게 크게 키운 것도 기적이라고 생각하고, 이렇게 끌어오면서 많은 허점을 발견한 것도 사실이다. 이 부분을 디테일하게 메꾸려면 더 많은 전문인력이 필요하다고 생각했다.

개인의 자존감을 높이는 회사

회사가 커지고 직원이 많아져서 느낀 두려움은 잠깐이었다. 그보다는 모든 거래처에서 우리 직원이 대우를 제대로 못 받는 것이 가장 큰 고민으로 다가와서 그걸 빨리 해결하고 싶었다.

나는 돈보다 자존심이 우선인 사람이다. 그래서 자금이 충분하지 않던 창업 초기부터 직원 복지나 대우는 우리가 할 수 있는 선에서 다해야 한다는 생각이었다. 우리 회사 직원인데 월급이 적고 복지도 없다면 이 얼마나 자존심 상하는 일인가. 지금도 급변하는 회사다 보니 모두를 만족시킬 순 없었지만 여력이 되는 한 최선을 다하고 있다.

그런데 브랜드의 인지도가 낮다는 이유로 직원들이 밖에 나가서 제대로 기를 못 펴니 속상할 때가 많았다. 거래처에 사정하다시피 해서 겨우 받아온 원단이 알고 보니 큰 업체에 다 팔고 남은 하급 원단이라거나 생산공장에서 뒷전으로 밀려서 물량을 제때 대지 못하는 등 크고 작은 일이 많았다.

그럴 때마다 회사를 키우고 브랜드 가치를 높여야 한다는 마음으로 이를 악물었다. 이제는 어느 정도 성장을 이루고 인지도가 커지면서 그런 일이 거의 없어졌고 오히려 어디에서든 안다르 직원이라고 하면 환영받게 되었다. 무엇보다 기쁜 건 우리 직원들이 당당하게 안다르에 다닌다고 말할 수 있다는 것이다. 한 직원의 어머니가 "내 딸아이가 안다르에 다녀요"라고 남들에게 자랑스럽게 말한다는 이야기를 들었을 때 얼마나 기뻤는지 모른다.

안다르의 길지 않은 역사에서 기념비적인 순간마다 많은 직원이 함께했고 그들이 없었다면 그 순간도 없었다. 에어핏 티셔츠가 출시 하루 만에 초도 물량이 완판돼 직원들이 행복한 비명을 질렀을 때 가장 뿌듯했다. 또 국내 애슬레저 브랜드로는 최초로 밴쿠버 패션위크에서 안다르 컬렉션을 진행했는데, 컬렉션을 위해 고군분투한 디자인팀 팀장들에게 너무나 감사했다. 특히 안다르 초창기부터 함께한 디자인 팀장은 해외 패션쇼를 열고 그 피날레에 올라가는 것이 오랜 꿈이었다고 했는데 그 순간을 함께할 수 있어 가슴이 벅찼다. 그 컬렉션은 안다르의 성과일 뿐 아니라 디자이너들 한 명 한 명에게도 귀중한 경력이 되기 때문에 더욱 잘해내고 싶었다. 직원들이 개인 역량을 발휘해 꿈을 이뤄가는 과정을 도울 수 있다는 점이 너무나 뿌듯하다.

그래서 안다르에서는 직원들의 도전을 장려한다. 실제로 많은 직원에게 '안다르에 와서 여러 가지로 도전해볼 수 있어 좋다'는 말을 듣고 무척 기뻤다. 도전을 해서 실패하더라도, 그 실패에 대해 비난하거나 책임을 묻지 않는다. 실패도 하나의 경험이기 때문이다. 도전해서 실패한 것이 문제가 아니라, 도전하지 않은 것이 문제다.

해답을 주는 회사

지금은 인사관리도 많이 안정되었지만 초창기에는 많은 직원이 한꺼번에 들고 나는 부침을 겪기도 했다. 많은 스타트업이 마찬가지겠지만 회사의 체계는 덜 잡혔는데 회사는 급격하게 성장하다 보면 직원들이 감내해야 할 일이 커지기도 한다. 그때는 인사나 조직도 너무 단순했다. 일하는 입장에서는 업무의 경계가 너무 모호하다고 느꼈을 수도 있고 창업 초기에는 여러 결점이 드러났다. 결점을 개선하려면 시간이 필요한데 회사가 급격히 커지면서 체계가 못 쫓아가는 경우도 있었다.

사무실만 해도 한때는 직원들의 프라이버시를 존중하고 싶어 각자의 방을 만들었다가, 소통이 너무 안 돼서 사무실을 이전하면서는 칸막이까지 다 없애고 트인 공간을 만들었다. 그런데 공간을 튼다고 해서 소통이 잘되는 것은 아니라는 것을 느꼈다. 확 트인 공간이 되니 자기 자리에 앉아 있어도 안정감을 느끼지 못하는 직원들이 보였다. 팀 구별이 잘 안 된다는 것도 현재 사무실의 단점이고, 무조건 트인 공간에서 일하는 것만이 능사가 아니라는 생각이 든다. 다음에 사무실을 이전할 때는 또 다른 변화가 필요할 것 같다.

직원들에게 회사에 대한 자부심을 심어주고 비전을 보여주려면 어떻게 해야 할까. 내가 항상 고민하는 점이다. 직원이 "내가 왜 안다르에서 일해야 하지?"라고 생각할 때 해답을 줄 수 있는 회사를 만들고 싶다. 그래서 인사, 조직 문제에 대해 정말 깊게 고민해오고 있으며, 직원들에게 동기부여를 해주고 실력을 제대로 발휘하게 해줄 방법을 생각해왔다.

그에 따라 조직도 계속 변화해왔다. 트렌드를 빠르게 반영하기 위해서는 기존의 피라미드형 조직문화는 안다르와 맞지 않는다는 생각이 들어서 조직을 세분화해보기로 했다. 팀을 세분화해서 직원들의 전문성은 강화하되, 프로젝트의 성격에 따라

팀 간의 협업이 가능하도록 유연하게 조직을 운영하는 방식으로 바꿨다. 팀이 세분화되더라도, 다양한 팀 간 협업을 진행하면 전체적인 결속력이 다져질 수 있을 거라 기대했다. 또한 변화에 신속하게 대응할 수 있을 거라는 확신이 들었다. 다양한 자료들을 찾아보다가 이런 걸 애자일Agile 조직문화라고 부른다는 걸 알게 되었다.

이렇게 조직이 가볍고 민첩하게 변하자, 더 창의적이고 신선한 아이디어들이 안다르를 움직이기 시작했다. 예를 들어, 직장인들을 찾아가 요가 클래스로 휴식을 선물하는 '오피스 요가 프로젝트'를 페이스북과 구글코리아에서 실행하면서 화제가 되었다. 이런 성과들이 쌓이면서 직원과 회사가 함께 성장하고 있다고 믿는다.

안다르의 기업문화는 지금도 변화하고 있고, 아직 성장세인만큼 인력이 계속 늘어나면서 어느 정도의 시행착오는 불가피해 보인다. 어떤 기업문화가 좋은 기업문화일까. 이런 질문에 대한 답도 개인마다 다른 것 같다. 하지만 회사가 커지고 책임이 커진 만큼 시행착오를 최소화하며 안다르만의 기업문화를 만들어가기 위한 노력을 하고 있다. 직원들이 자랑스러워할 수 있는 회사로 진화하기 위해.

성장의 가속도를 즐기며

이 책을 쓰며 지난 시간을 정리하다 보니 정말 숨가쁘게 달려왔다는 생각이 든다. 열차에 타고 있으면 내가 얼마나 빨리 달리는지 모르지 않는가. 지나서 돌아볼 때라야 비로소 '엄청 빨리 많이 왔구나' 하고 느낀다. 가끔 남편과 이런 대화를 한다.

"언제쯤 안정기에 접어들 수 있을까?"

"아마 그럴 일은 없을 거야. 안다르를 포기하지 않는 이상."

창업을 한 후 너무나 많은 것을 얻었지만 잃은 것도 있다. 그 것은 바로 안정감이다. 기업을 운영하는 한 나는 항상 불안을 안고 살 수밖에 없을 것이다. 창업을 하고 느낀 점은 회사에 문 제는 늘 일어난다는 것이다. 수족관 속에는 물고기 종류가 정 해져 있지만 바닷속에는 내가 상상하지 못한 더 많은 생물이 있다. 누가 언제 어떻게 위협이 될지 알 수 없고 예상할 수 없 는 수많은 변수가 있다. 두렵지만, 그렇다고 해서 바다를 떠나 수족관으로 들어가고 싶지는 않다. 바닷속에 존재하는 그 모든 가능성이 여전히 나를 설레게 하기 때문이다.

아직도 안다르는 고공행진 중이다. 사업에 안정기란 없다는 게 정답일 것이다. 안정기는 곧 정체기이고, 그것은 하락세를 의미할 테니까 말이다. 모두를 다 만족시킬 수도 없고 모든 상 황이 완벽해지는 순간도 없다. 그저 톱니바퀴가 잘 맞물려 굴 러가게 노력하면서 구르는 걸 멈추지 않아야 한다. 지구가 자 전을 멈추면 종말이 찾아오듯 기업이란 끊임없이 움직여야 한 다. 그래서 멈추면 죽는다는 각오로 움직이고 있다. 아직 나는 고속열차에 타고 있고 그저 이 속도를 즐기기로 했다.

그런데 얼마 전부터 '안다르를 매각하는 것 아니냐'는 질문 을 받는 일이 부쩍 늘었다. 왜 그런 생각을 하는지 모르겠지만 매각을 논의해본 적도 없는 것이 사실이다. 길에서 우리 브랜드 옷을 입은 사람을 일상적으로 보려면 매출이 1,000억 대는 되어야 한다고 들었다. 지금의 매출 증가세라면 애슬레저 업계 최초로 1,000억 원의 매출액 달성도 가능할 것으로 보이는데 회사를 판다면 누가 봐도 너무 아까운 일이다. 앞으로도 하고 싶은 일, 이루고자 하는 일들도 너무 많다. 2022년까지 안다르는 유니콘 기업(기업가치 1조 원 이상의 비상장 스타트업)이 되는 것을 목표로 하고 있다. 아직은 상장보다는 성장에 집중해야 할 때라고 생각한다.

아직 하고 싶은 일이 많고 안다르는 훨씬 더 성장할 수 있다고 믿는다. 내부 직원이건 외부 소비자건 안다르라는 브랜드를 긍정적으로 인식하고 누군가에게는 원동력도 되었으면 좋겠다. 또 투자사 입장에서는 투자하기를 정말 잘했다고 생각할 수 있도록 잘하고 싶다. 더 나아가 전 세계 사람들에게 안다르를 알리고 싶다. 우리나라 브랜드가 해외에 진출해 많은 사랑을 받을 때의 그 뿌듯함을 안다르도 선사할 수 있도록 노력할 것이다.

매출을 늘리려고 애쓰는 것도 결국에는 이처럼 더 높은 가치를 실현하기 위한 것이다. 내가 돈을 더 버는 것보다 안다르라는 브랜드가 멋있게 성장하는 걸 보고 싶다는 것이 솔직한 마음이다.

소비자와 직원, 사회에 좋은 기업으로

'소비자들에게 좋고 직원들과 협력업체들에게 좋고 사회에도 좋은 기업이 되었으면 좋겠다.' 기업을 운영하는 사람이라면 누구나 같은 마음일 것이다. 실제로 다른 스타트업이나 기업들의 리더들을 만날 기회가 종종 있는데 누구 하나 이런 마음을 갖고 있지 않은 사람이 없었다. 개인의 사리사욕을 위해 창업을 하거나 리더가 되어봤자 그 기업은 결코 성장할 수 없고 오래가지도 못할 것이기 때문이다.

어려서부터 나는 많이 가져야만 행복하다고 생각하지 않았고 내 행복을 해칠 수 있는 건 오로지 건강밖에 없다고 믿었다. 집안이 풍족해서가 아니라 부모님이 그런 마음으로 사는 분들이라 나도 영향을 받았을 것이다. 더군다나 어릴 때 경험이 그런 생각을 더 강하게 만들었다. 여덟 살 때 나는 심장병 수술을 받았다. 한동안 심장병동에 있던 기억이 아직도 또렷한데, 그때 힘들었던 건 내가 몸이 아픈 것보다 아픈 자식을 살피고 걱정하는 부모님의 얼굴을 보는 것이었다. 다행히 수술이 잘되어 중학교 1학년 때는 처음으로 계주에 참가할 수 있게 되었으니 참 감사한 일이다. 나뿐 아니라 엄마가 큰 병으로 고생한 적도 있어서 가족 중 누군가가 아플 때 집안 분위기가 어떻게 변하는지 잘 알고 있다. 가족들의 얼굴에 늘 그늘이 져 있고 집안에는 무거운 공기가 가득하다.

'건강이 최고'라는 말을 많이들 한다. 상투적으로 들리는 진리다 보니 저도 모르게 다른 가치를 앞세우게 되기도 한다. 하지만 나에게는 '건강이 최고'라는 말이 가슴을 울리는 말이다. 그렇다 보니 한 달에 150만 원을 벌 때도 돈이 없어서 불행하다는 생각은 해본 적이 없었고, 오히려 그 돈을 벌 수 있음에 감사했다. 마찬가지로 돈을 많이 벌 욕심으로 사업을 시작하지 않았고 지금도 그렇다. 내가 건강하고 내가 사랑하는 사람들이 건강한 것만으로도 사실 더 바랄 것이 없기 때문이다. 다만 사업을 확장할수록 내 주변 사람뿐 아니라 더 많은 사람이 건강한 생활을 영위할 수 있었으면 하는 바람이 생겼다.

'아이를 키우면서 부모도 성장한다'는 말이 있는데 나도 아이를 키우며 실감하고 있다. 그런데 이 말을 기업에도 똑같이 적용할 수 있다. 기업을 키우며 나도 정말 많이 성장했다. 처음에는 내가 입기 편한 요가복을 만들겠다는 마음 하나로 시작했는데 옷을 만들수록 더 많은 소비자에게 더 좋은 옷을 선사하고 싶다는 마음이 생겼다.

지금도 회사가 커가고 있지만 내 초심은 한 번도 변하지 않았다. 정말 좋은 옷을 만들어 고객들과 함께 성장하고 대중에게 이로운 문화를 만들어가는 것이다. 그 본질은 한순간도 잊은 적이 없다. 만일 본질에 집중하지 않았다면 급변하는 환경에서 급성장하는 회사를 운영하며 중심을 잡기 힘들었을 것이다. 앞으로도 이 본질을 향한 노력이 계속될 것이고, 이를 중심으로 역량을 넓혀갈 것이다.

브랜드 가치가 없는데 옷만 좋다고 많은 사람이 입는 것도 아니고, 옷은 별로인데 브랜드만 유명하다고 해서 많이 입는 것도 아니다. 브랜드 가치와 제품력이 함께 상승해야 한다. 그러면 기업이 커질 수밖에 없다. 그러나 회사의 외형이 얼마나 커지는가보다 중요한 것은 얼마나 더 많은 사람에게 안다르 옷이 사랑받을 수 있을 것인가 하는 문제다. 내가 끊임없이 신경 쓰는 주제이기도 하다.

또한 직원들이 늘어나고 협력업체들도 많아지면서 안다르에서 일하거나 안다르와 함께 일하는 사람들이 더 행복하게 일할 수 있었으면, 안다르와 함께한다는 사실을 자랑스럽게 느낄 수 있었으면 좋겠다는 생각이 들었다. 더불어 기업으로서 사회적 책임을 다하고 유익한 문화를 만들어가고 싶다는 바람도 생겼다. 기업을 경영한다는 것은 어쩌면 나 자신을 확장하는 일인지도 모르겠다.

내가 경험한 것을 사람들과 나누는 경험

창업 후 3~4년이 되던 무렵 강연 제안이 많이 들어왔다. 특히 젊은 여성 대표라는 점 때문에 많은 관심을 받았고 내 이야기를 궁금해하는 사람이 많았던 것 같다. 강연을 해달라는 요청이 있을 때마다 고민되는 것은 '내가 과연 강연을 할 만한 사람인가'라는 점이었다. 이 책을 쓰면서도 마찬가지다. 도전해보자는 마음으로 제안을 수락하고서도 계속 마음속으로 갈등한다. 내가 누군가에게 뭔가를 이야기할 수 있는 입장이 될까.

갈등을 이기고 최선을 다해 강연을 한 다음에는, 그래도 항상 '하길 잘했다'는 생각이 든다. 내 경험을 나누는 것만으로도 나름의 의의가 있다는 것을 듣는 사람의 반응을 통해 느낄 수 있고, 나 역시 내 이야기를 들으러 오신 분들을 마주하며 배우는 것이 많기 때문이다.

2019년에 한 두 강연이 특히 기억에 남는다. '팀화이트'에서의 강연과 SW-DW에서의 강연이었다. 팀화이트에서의 강연은 내 인생 최초의 강연이었다. 팀화이트는 한국소비자포럼에서 주최하며 브랜드마케팅에 대해 배우는 대학생 대외활동이다. 대학생들을 대상으로 한 강연은 더 어렵고 조심스럽다. 아직 사회에 나오지 않은 학생들은 내 이야기를 더 많이 흡수할 것이고, 그만큼 더 큰 영향을 미치게 될 것이기 때문이다.

얼마나 떨렸는지 청심환을 두 알이나 삼키고 강연장에 들어갔는데 다행히 이야기를 시작하니 가슴이 좀 진정되었다. 감사하게도 관객석의 대학생들이 호응을 아주 잘해주고 눈을 반짝반짝 빛내며 나를 봐준 덕에 용기를 얻었다. 그리고 이 친구들에게 롤모델이 될 수 있도록 더 좋은 영향력을 끼치며 내 일을 잘해내야겠다는 다짐도 하게 되었다.

SW-DW에서의 강연은 사실 지금 떠올려도 떨린다. 다른 강연자가 무려 김봉진

우아한 형제들 대표님, 조수용 카카오 공동대표님이었다. 이렇게 대단한 분들과 같이 강연을 한다는 게 너무 긴장되었다.

떨리는 만큼 공들여 강연을 준비했고, 무대에 오르기 전에는 역시 청심환을 두 알 먹었다. 부족하더라도 내가 가진 경험을 그저 잘 전달하자고 생각하니 부담 감이 좀 주는 듯했다. 다행히 관객들이 잘 들어주셔서 강연은 무사히 마쳤는데 삼자토론에서는 무슨 얘길 했는지 기억이 희미하다.

지금 생각해도 아찔한 경험이었지만 무척 의미 있는 경험이기도 했다. 그렇게 훌륭한 대표님들과 한자리에서 뭔가에 대해 오랫동안 얘기하는 게 쉬운 기회는 아니기 때문이다. 그분들이 하는 말들, 스타트업 기업인들이 바라보는 미래나 기업으로서의 의무 같은 내용이 나한테도 많은 영감을 주었고 현재 안다르를 만들어가는 데 도움이 되었다. 그런데 사실 이 강연을 하고 나서 당분간 강연 제 안은 고사했다. 좀 더 내공을 쌓아야겠다고 생각했기 때문이다.

많은 사람에게 내 이야기를 하고 내 경험을 나누는 것은 소중하고 의미 있는 일 이다. 별거 아닌 이야기도 누군가에게는 큰 울림이 될 수 있기 때문이다. 앞으로 강연을 하고 더 많은 사람에게 내 이야기를 전하기 위해서는 더 내공을 갖추어 야 하고, 더 좋은 사람이 되어야겠다는 생각이 든다. 그렇게 해서 단 한 사람에 게라도 작은 도움이나마 될 수 있다면 청심환을 먹은 보람이 있을 것이다.

6장

삶의 모든 가능성을 확장하는 법

누구에게나
올챙이 시절이 있다

나는 어렸을 때부터 빨리 어른이 되고 싶었다. 하루빨리 사회에 나와 일을 시작하면 좋을 줄 알았는데 막상 사회에 나와 보니 내 생각과는 많이 달랐다. 세상이 이렇게 불합리하고 불공평한 곳이었다니! 학교라는 좁은 세상에서는 불합리한 건 내가 노력해서 어느 정도 바꿀 수 있었고 나와 맞는 사람과의 관계만 이어나가도 괜찮았다. 그런데 취업을 하고 나니 그렇지 않았다. 불만이 있어도 내가 할 수 있는 일은 거의 없고 싫은 사람과도 섞여 생활해야 했다.

불합리한 걸 참지 못하고, 옳지 않다고 생각하는 건 꼭 말해야 직성이 풀렸던 나는 좌충우돌하는 일이 많았다. 지금 생각하면 사회에 나올 준비가 전혀 안 되어 있었던 것 같다. 최근 대학생인 친구가 4년이라는 시간이 아깝고 빨리 취업하고 싶다고 말한 적이 있는데 나는 무조건 대학생활부터 충실히 하라고 말했다. 대학생활은 중고등학교 시절과는 또 달라서 사회의 축소판에 가깝다고 생각한다. 그래서 간접적으로나마 사회생활을 체험하고 본격적으로 뛰기 위한 준비를 하는 시간은 무척 소중하다고 생각한다. 물에 들어갈 때 몸을 먼저 적시고 들어가는 것처럼 충격을 완화하고 대응력을 키우는 준비과정이 필요한 것이다.

전문대학 2학년 때 바로 취업을 한 나는 그런 과정을 충분히 겪지 못했다. 아직 미성숙한 상태로 사회에 뛰어들었으니 당연히 적응하기가 버거웠고 꽤 아픈 성장통을 겪어야 했다. 내가 보기엔 불합리한 시스템에서 일해야 할 때도, 상사와 의견이 맞지 않을 때도 힘들었다. 세상이 참 원망스러웠다.

　사회 초년생 시절은 늘 힘들었지만 가장 힘들었던 때는 스파를 그만두고 요가 자격증을 준비하던 때였다. 자격증을 준비하다 보니 풀타임으로 일을 할 수가 없어서 정해진 시간에만 할 수 있는 일을 찾다가 파트타이머로 잠깐 일한 적이 있었다. 그런데 어쩌나 텃세가 심하던지…. 나는 내가 꽤 강한 사람이라고 생각했는데 전혀 아니었다. 세상이 원망스럽고 사람들이 미웠고 매일 우울했다.

　그러던 중 지인들과 만날 자리가 있었는데 그 자리에서 이런저런 불평을 말하며 하소연했다. 그랬더니 다들 위로를 해주었는데 그중 한 사람이 쓴소리를 했다.

　"조금이라도 불공평하거나 불합리한 일이라고 생각하면 참지 못하고 터뜨리는 게 너의 제일 큰 문제야. 네가 계속 그러면 사회생활하면서 네 곁에 아무도 없을 거고 어딜 가든 적응을 못할 거야."

　앞서 들었던 모든 위로는 연기처럼 사라지고 그 말만이 내 머릿속을 뱅글뱅글 돌았다. 내 생각을 말하는 데 거침없던 나였는데 그때는 아무런 대꾸도 하지 못했다. 그 말이 맞다는 걸 순간 깨달았기 때문이다.

줄곧 불공평하고 불합리한 건 목소리를 내야 한다고 생각했고 참을 필요가 없다고, 내가 맞다고 생각하며 살아왔는데 내 방식에 문제가 있었다. 불합리하고 불공평한 것을 무조건 참거나 눈감으라는 이야기가 아니다. 불완전한 사람들이 모여 이루는 것이 사회이고, 그런 만큼 세상이 동화 속 이상적인 세계가 아니라는 것을 받아들여야 한다는 것이다. 일을 하다 보면 내가 손해를 보는 기분이 들 때도 있고 시간이 지나고 보니 그게 오히려 나한테 이득으로 돌아오는 경우도 있다. 어떨 땐 내가 일을 한 만큼 대가를 못 받을 때도 있고, 또 어떨 때는 내가 한 것에 비해 많은 대가를 받을 때도 있다. 좀 더 길게 보고, 이런 굴곡을 좀 더 여유를 가지고 넘길 줄 알아야 했지만 난 매번 불만을 터트렸다.

사람은 혼자 살 수 없고 결국엔 사회에서 살아남아야 하니 사회적으로 얽히고설키며 살아가는 과정에서 유연해질 필요가 있다. 세상과 타인이 내 마음 같을 수는 없는데 나는 그런 것 하나하나에 화를 내고 있었으니 주변을 불편하게 만들었을 뿐 아니라 결국 가장 힘든 건 나 자신이었다.

내가 틀렸다는 걸 깨달았지만 그동안 내가 해온 생각과 행동을 바꿔야 한다는 게, 괜히 세상에 지는 느낌이 들어서 순간 눈물이 왈칵 쏟아졌다. 그렇게 인정하기 싫었지만 맞는 말이었

다. 이제 더 이상 투정만 부려서는 안 되고 나 자신이 바뀌어야
할 때가 온 것이다.

불완전한 세상을 받아들이며

그때 나에게 아픈 말로 충고해준 사람은 다름 아닌 지금의
남편이다. 나보다 나이 많은 남편이 보기에 어린 내가 어지간
히도 앞뒤 분간을 못 하는 것 같아서 따끔하게 이야기해주고
싶었단다. 물론 나에게 사심이 전혀 없었기에 모진 소리를 할
수 있었던 것인데, 그랬던 우리가 부부가 되었으니 인연이란
게 참 재미있다.

눈물을 뚝뚝 흘리는 나에게 당시 남편은 '앞으로 얼마나 더
힘든 일이 많을 텐데 스물셋에 세상 좀 힘들다고 그게 전부가
아니다'라고 덧붙였다. 그 말도 가슴에 와서 박혔다. 세상에서
내가 제일 힘든 것같이 유난을 떨었지만 나만 힘든 게 아니라
는 것. 세상이 나에게만 불합리하고 불공정하게 군다는 생각을
바꾸지 않으면 언제까지나 현실이 마음에 안 들 것이고 결국
내 상황은 전혀 달라지지 않을 것이다. 정신이 번쩍 들었다. 지
금 내 상황이 마음에 안 들고 바꾸고 싶다면 투덜대고만 있는

대신에 현실적인 대책을 세워야 한다. 정말 맘에 안 들었지만, 사회는 선생님이 있는 학교가 아닌 것이다.

그렇게 인정하는 것에서 성장이 시작된 것 같다. 세상과 타인을 있는 그대로 받아들이고 좀 더 유연한 태도를 가지면서 힘들어할 일도 자연스럽게 줄었다. 손해 보는 경험도 내 경험이고 그런 경험이 다 내 재산이 된다는 것을 느끼게 되었다. 물론 처음부터 쉬웠던 건 아니고 훈련이 필요했다. 지금 이렇게 이야기할 수 있기까지 수많은 고민과 갈등이 있었고 여전히 나의 약점이라고 생각한다.

그러나 스물세 살에 그런 생각을 한 것이 내 인생에서 중요한 계기가 되었다. 그 일이 없었다면 내가 창업을 해서 많은 사람과 같이 일하고 리더로서 이끄는 일을 할 수 있었을까? 불가능했을 것이라고 생각한다. 나는 고집이 엄청 세고 내가 원하는 바를 어떻게든 관철시키려는 성격이었다. 그런 성격이 창업을 하는 데 도움이 된 측면도 있지만 한 회사를 경영하는 데는 장애물이 될 수 있었을 것이다. 수많은 직원 및 협력업체들과 일하고 고객들과 소통하기 위해서는 유연한 자세가 필수적이기 때문이다.

또한 리더로서 혼란하고 불안정한 세상을 회피하기보다 잘 활용해야 한다는 것을 배웠다. 얼마 전 《난센스》(제이미 홈스

저, 문학동네)라는 책을 읽었는데 '불확실한 미래를 통제하는 법'이라는 부제가 붙은 이 책이 많은 시사점을 주었다. 복잡하고 혼란한 상황에 처했을 때 사람들은 빨리 그 상황을 종결시키고 싶어서 급하게 결론을 내리거나 단정해버린다. 그렇게 하다 보면 문제를 해결하는 능력이 떨어지고 다양한 관점을 배우기도 힘들어진다. 더군다나 리더라면 더욱더 복잡하고 혼란한 난센스의 시대에 여유를 가져야 한다. 나는 어떤 리더인지 돌아보게 된다. 아직 갈 길이 먼 것 같지만 분명 앞으로 걸어나가고 있다.

일과 가정의 밸런스

2016년 백화점 입점 준비를 할 당시 남편과 결혼을 했다. 창업 때부터 든든한 조력자였던 남편과 드디어 부부가 된 것이다. 회사가 급성장하다 보니 앞으로 더 바빠질 일밖에 없을 것 같아서 그때가 아니면 결혼도 못 할 것 같았다. 또 서로 안정된 상태에서 경영을 해야 우리 자신에게도, 회사에도 좋을 것이라는 생각도 있었다.

당시에는 안다르가 수도권뿐 아니라 포항, 부산, 대전 등 전국 9개 지점에 입점하게 되어서 지점들을 다니느라 정신없이 바빴다. 결혼식 일주일 전에 포항에 갔다가 결혼식이 끝나자마자 바로 부산으로 갔다. 결혼반지도 없었고 신혼여행도 가지 않았다. 내 일정에 결혼이라는 행사가 하나 낀 정도로 결혼식을 '해치웠다'.

2018년에는 첫아이를 출산했다. 그렇게 바쁘고 정신없는 와중에 어떻게 결혼에 출산까지 했느냐고 묻는 사람이 많다. 하지만 일을 하는 건 결국 내 삶을 행복하게 영위하기 위한 것이 아닌가. 자연인 신애련의 삶을 죽이고서는 아무리 일에서 성공한다고 해도 의미가 없다. 단순히 창업을 하고 대표가 되는 게 목표가 아니라 그 일을 통해 내 삶에 어떤 영향을 주고 어떻게 살아갈 것인지가 더 중요하다.

물론 쉽지는 않았다. 출산을 하고서는 조리원에 2주간 있는 동안에도 일을 해야 했고 조리원에서 나오자마자 일터에 복귀했다. 아이가 태어난 뒤 돌이 되기까지가 가장 힘들었다. 체력도 뒷받침되었지만 정신력으로 버틴 것 같다. 아이 얼굴도 제대로 못 볼 정도로 회사 일이 바빴는데 가족들의 도움이 큰 힘이 되었다. 또 지금까지 양가 부모님이 많이 도와주시기 때문에 안심하고 일을 할 수 있다. 정말 감사한 일이다.

▲ 아이를 낳고 생긴 '엄마'라는 역할이 쉽지는 않지만, 그만큼 내 세계는 넓어졌다.

워킹맘의 딜레마

그렇지만 회사에 가느라 아이와 계속 함께 있어 주지 못하는 엄마라면 누구나 괴롭고 아이에게 미안할 것이다. 나도 그랬다. 밤늦게 퇴근하고 집에 돌아와서는 자고 있는 아이를 잠깐 보고 나서는 이유식을 만들었다. 내 성격상 이유식은 내 손으로 직접 만들어야 했기도 하고, 아이와 많이 놀아주지 못하니 엄마로서 먹이는 것에라도 정성을 다하고 싶었다. 특히 첫아이라서 해주고 싶은 마음도 컸다.

아이가 깨는 새벽 5시쯤에는 꼭 일어나서 30분만이라도 집중해서 놀아주려고 했다. 밀린 집안일에 이유식을 만들고 나면 새벽이 되어서 잠들기가 일쑤인데 두세 시간 만에 일어나야 하는 것도 너무나 힘들었지만 그렇게라도 아이와의 시간을 확보해야 죄책감이 덜 드는 것 같았다.

아이도 못 보고 일에도 집중을 못 한다는 느낌을 받았을 때도 워킹맘으로서 힘들었다. 아이가 노는 모습을 지켜보려고 집에 CCTV를 달아놓았는데도 회사에서 CCTV를 켜기가 왜 그리 두렵던지. 만약 아이가 어디 넘어진다든지, 그럴 리는 없겠지만 아이 봐주는 분이 아이를 좀 무성의하게 본다든지, 그런 모습을 혹여라도 목격했다가는 내가 무너져 내릴 것만 같았다.

간신히 일과 가정을 양립하는 내 일상이 무너질까 봐 무서웠다. 버튼만 누르면 아이 모습을 볼 수 있는데 그걸 못 켜는 심정이 괴로웠다.

아이를 두고 회사에 출근했을 때 어떤 마음인지 너무나 잘 알고 있다. 어린애를 남한테 맡기고 오는 심정, 회사에 있어도 일에 집중이 안 되는 마음. 더군다나 안다르에서 일하는 직원들의 60퍼센트가 여성이라서 여성을 위한 복지를 많이 고민한다. 직원들에게 필라테스를 무료로 배울 수 있도록 지원하기도 했다. 지금은 결혼을 하지 않은 직원의 비율이 높지만 혹시 결혼과 출산, 육아를 하게 되더라도 그 과정을 도울 수 있는 회사여야만 장기적으로 함께할 수 있을 것이다. 그러므로 아이를 키우는 사람들이 마음 편하게 일을 할 수 있는 환경을 만들어주고 싶다.

기본적으로는 남녀를 불문하고 육아휴직을 자유롭게 쓸 수 있어야 한다. '워킹맘'이라는 말은 있는데 '워킹파파'라는 말은 잘 쓰지 않는 게 항상 의아했다. 워킹맘이든 워킹파파든 아이와 함께하는 시간을 확보해야 한다. 스스로 아이에게 잘하고 있다고 느껴야 안정감이 생기고, 일도 더 열심히 할 수 있다는 것을 누구보다 내가 잘 알고 있다. 그렇기 때문에 아이를 키우는 아빠도 일을 할 수 있는 회사, 그런 문화를 만들어가려고 한다.

'워라하'가 정답

결혼과 출산을 하면서 기업을 성공적으로 이끌 수 있었던 비결을 묻는 사람이 많다. 어떻게 시간관리를 했느냐는 것이다. 그럴 때마다 나는 '일과 생활을 분리하지 않았기 때문'이라고 말한다. 일과 생활을 분리할 수 있는 환경이 되지도 않았고, 그러려고 애쓰지도 않았다.

많은 사람이 일과 생활의 밸런스, 즉 '워라밸'을 지키려면 일과 생활을 잘 분리해야 한다고 생각한다. 그런데 '밸런스'라는 말은 일과 생활을 따로 구분하는 개념으로 느껴진다. 저울 양쪽에 일과 생활을 올려놓고 한쪽으로 기울면 다른 한쪽은 손해보는 듯한 느낌이 강해서 딱 반반씩 해야 할 것만 같다. 하지만 어디 그게 무 자르듯 반으로 자를 수 있는 일인가. 그보다는 '서로 잘 어울린다'는 뜻의 '하모니'를 사용한 '워크라이프하모니(워라하)'가 나에게는 더 맞는다. 이 말은 아마존의 창업자인 제프 베조스Jeff Bezos가 한 말이다. 균형을 맞추려고 노력한다는 것은 두 가지 중 한쪽을 추구하면 다른 한쪽을 희생해야 하는 거래관계가 되므로 인간을 지치게 한다는 것이다. 그래서 그는 '워라하'를 제안하며 즉 일과 생활이 조화를 이뤄야 한다고 말했다.

나 또한 일과 생활을 굳이 분리하려고 애쓰는 것이 무의미해 보였고 오히려 더 힘들 때도 있었다. 나도 워라밸을 지키려 하고, 그러다 보니 퇴근 시간이 10분만 늦어져도 스트레스를 받았던 때도 있었다. 그러다가 일 따로 일상 따로가 아닌, 둘을 조화롭게 운영하니 내게는 더 스트레스도 적고 삶이 좀 더 행복해졌다. 일도 내 인생과 일상에서 중요한 부분이고, 일을 하는 나도 소중한 내 자아의 일부다. 일하면서 새로운 나를 발견해나가고 이런 발견이 삶에 또 다른 방향을 제시해준다. 일과 삶은 대치되는 것이 아닌 상호보완적인 관계다. 그러니 일도 재미있고 행복하게 받아들여야 한다고 생각했다. 일은 즐겁지 않고 돈을 벌기 위해 해야만 하는 것이라는 프레임을 바꾸면 좀 더 삶이 편안해진다. 그렇게 일하는 시간도, 일하는 나도 어떻게든 축소시키려는 것보다는 나의 일부로 껴안았더니 삶의 만족도가 더 높아졌다.

물론 내 생각과 방식이 무조건 옳다고 말하긴 힘들다. 또 앞으로 살다 보면 내 생각이 달라질 수도 있을 것이다. 다만 현재까지의 내 경험으로는 일과 생활을 무 자르듯 자르는 것이 불가능할뿐더러 만족스럽지도 않았다. 그래서 굳이 분리할 게 아니라 생활 속에 일이 자연스럽게 녹아드는 패턴을 택했다. 일과 생활이 뒤섞여 굴러가다 보면 어느 때는 일에 더 집중할 수도 있고 또 어느 때는 내 일상이나 육아에 시간을 더 쏟을 수도 있다. 그렇기 때문에 지금 하는 일을 빨리 마치고, 일을 해야지 육아를 해야지 하는 조바심 없이 지금 하는 것에 온전히 집중할 수 있었다. 물론 평일에는 하루 종일 아이와 있을 수 없고 일에 쏟는 시간이 주로 많았지만 '지금'에 최대한 집중하고자 했기에 하루 30분 정도만 아이와 함께하더라도 그 시간만큼은 온 마음과 정성을 다할 수 있었다.

원래 나는 남에게 아쉬운 소리 하는 것을 어려워해서 모든 일을 스스로 다 해내려는 성격이지만 아이가 생긴 후로는 그렇게 할 수도 없다는 것을 깨달았다. 나라는 사람은 단 하나인데 모든 일을 다할 수는 없다. 그러려면 내 노동력과 시간과 마음을 효율적으로 분배해야 한다. 지금 내가 안다르의 대표이자 아내 그리고 엄마라는 역할을 모두 해낼 수 있는 것은 일과 삶 어느 한쪽에서도 완벽을 추구하지 않기 때문이다. 어느 한쪽을 완벽하게 만들기 위한 고집이 일과 삶의 균형을 무너뜨릴 수 있다. 그러므로 내가 할 수 있는 일을 충분히 노력하면 설령 그 결과가 만족스럽지 못하더라도 다음 스텝으로 의연하게 넘어간다. 일에서 부족한 부분은 안다르 사람들이, 가정에서 부족한 부분은 남편과 가족들이 함께 채워준다. 자신의 부족함을 먼저 인정하는 것, 이것이 내가 많은 역할을 해낼 수 있는 힘이다.

부부가 같은 회사에서
일한다는 것

창업 멤버였던 남편은 나와 반대 성향으로 안다르에서 함께 일할 때부터 일적으로 많이 부딪혔고 그러면서 회사가 더 좋은 길을 갈 수 있었다고 생각한다. 그리고 둘이 이룬 가정에서 아이가 태어난 후 육아에 대한 이견 때문에 마찬가지로 남편과 마찰이 생겼었다. 야속하게도 남편은 육아를 거의 도와주지 않았고 대신 일을 열심히 해서 안다르를 성장시키는 게 자신의 의무라고 생각했다. 반면 나는 남편이 좀 더 몸과 시간을 써서 아이를 봐주기를 바랐다. 그것 때문에 싸우기도 많이 싸웠는데 오랜 시간 이야기를 나누며 남편도 자신의 잘못을 인정하고 나도 남편을 어느 정도 이해하게 되었다. 현실적으로 우리는 함께 일하기 때문에 둘 중 한 명이 쉰다고 해서 진짜 쉬는 게 아니다. 한 명이 육아에 더 신경을 쏟으면 다른 한 사람은 회사에 더 집중해야 한다. 게다가 남보다 체력이 월등히 좋은 나에 비하면 남편은 체력이 많이 약했다.

이렇게 대화로 서로를 이해하기 전에는 그저 힘들고 남편이 원망스럽기도 했다. 그렇다고 계속 싸우면서 살 수는 없는 노릇이고 아이 정서에도 좋지 않다고 생각했다. 이 상황을 어떻게든 긍정적으로 넘겨야 했다. 나는 평소에도 최악을 상상하며 오히려 스트레스 받는 상황을 이겨내는 편이다. 그래서 남편을 그저 운전기사라고 생각했더니 거짓말처럼 마음이 편해졌다. 세상에는 혼자 아이를 키우는 사람도 있고 경제적으로 힘든 사람도 많은데, 그래도 나는 차도 있고 운전을 해주는 남편도 있으니 감사한 것 아닌가. 이런 생각을 하니 그리 억울할 것도 없었다. 또 남편이 회사 일에 매진하기 때문에 내가 안심하고 아이에게 집중할 수 있는 면도 있었다.

이 이야기를 한 TV 방송에 출연했을 때 했는데 그 후로 남편이 엄청난 비난을 받았다. 내 딴에는 긍정적으로 힘든 일을 이겨낸 경험으로 자랑스럽게 소개한 것인데, 당황스러웠고 남편에게 미안하기도 했다. 그중에는 재미있는 리뷰도 있었다. 나처럼 남편이 육아를 도와주지 않아 스트레스를 받았는데 내 말을 듣고 남편을 그저 환자라고 생각했더니 웃음이 나더라는 글을 인터넷에서 보았다.

서로의 생각도, 원하는 바도 많이 달랐지만 남편의 역할이 없었다면 출산과 육아를 하면서 회사를 키우기 힘들었을 것이다. 함께 일했기에 역할 분담을 할 수 있었고 의지할 수 있었다. 내가 힘들 때마다 최악을 상상하고 오히려 긍정의 힘으로 현재를 넘기는 것도 실은 남편에게서 배운 것이다. 사업을 하며 자금난을 겪을 때도 나는 걱정부터 한다면 남편은 '괜찮아, 할 수 있어'라고 먼저 말한다. 그런 다음 해결책을 강구한다. 마찬가지로 남편도 나와 같이 살면서 자신과 다른 성향의 사람과 소통하는 법을 배웠다고 말한다. 많이 다른 두 사람이 만난다는 건 자신의 세계가 두 배, 아니 그 이상으로 커지는 일인 것 같다.

내가 힘들거나 답답할 때마다 들춰보는 책이 있다. 류시화의 《날아가는 새는 뒤돌아보지 않는다》라는 책이다. 그 책에 '화가 나면 소리를 지르는 이유'라는 글이 있다. 화가 나면 소리를 지르는 이유에 대해 책 속 인물이 이렇게 말한다.

'사람들은 화가 나면 서로의 가슴이 멀어졌다고 느낀다. 그래서 그 거리만큼 소리를 지르는 것이다.'

멀어질수록 소릴 더 크게 질러야 상대방에게 가 닿는다고 여기고, 소리가 커질수록 둘의 가슴은 더 멀어진다는 것이다. 둘이 함께 살아가고 일하며, 이 이야기를 잊지 않으려고 한다. 꼭부부 사이에 적용되는 것이 아니라 공적으로나 사적으로나 인간관계의 갈등이 생길 때마다 그 말을 떠올리며 생각한다. 지금 이렇게 소리치면서 갈등하는 것도 서로 더 잘 지내기 위한 노력이라고.

서로 다른 두 사람의 시너지

남편과 나, 둘 중 누구 하나라도 없었다면 지금의 안다르는 존재하지 않을 것이다. 나는 대표, 남편은 이사라는 직함을 가지고 있지만 남편은 처음부터 함께 창업하고 회사를 키워온 사업파트너다. 나와 남편은 잘하는 영역이 뚜렷이 나뉘어, 나는 제품 개발과 디자인을 총괄하고 남편은 유통과 마케팅, 생산을 총괄하는 것으로 역할 분담을 하고 있다. 영역은 나누었지만 모든 의사결정은 나와 남편 둘 다 동의해야만 진행된다. 그래서 새로운 일을 하고자 할 때는 서로를 먼저 설득해야 한다. 내가 신제품을 출시할 때는 남편이 마케팅 측면을 고려해 동의해야 하고, 남편이 새로운 마케팅을 시도할 때도 내가 회사의 비전을 고려해서 동의해야 한다.

우리 두 사람은 성향도 가치관도 많이 달라서 회사를 운영하는 데 있어 하나부터 백까지 전부 부딪혔다. 아주 사소한 문제부터 큰 문제까지, 의사결정을 할 때마다 충돌해서 충분히 논쟁한 뒤에야 결론이 내려졌다. 그렇게 해서 나온 결과는 언제나 좋았다. 빅뱅으로 우주가 생겨났듯 우리 둘의 충돌로 안다르가 팽창했다고 해도 과언이 아니다.

나는 갈등도 아주 중요한 의사결정의 과정이라고 생각한다. 두 사람이 다른 의견과 시각으로 사안을 바라보기에 각자의 생각을 돌아보고 점검하게 된다. 혼자 결정한다면 한쪽으로 매몰될 수도 있겠지만 두 사람이 다른 시각과 문제해결 방식을 제시하면서 시야가 넓어지는 효과가 있는 것이다. 이처럼 유기적인 의사결정 시스템은 서로의 독단을 막고 균형을 이룰 수 있다는 면에서 지금까지 효과적으로 작용해왔다.

부부 경영을 떠나 두 사람이 함께 경영한다는 것에는 이런 장점이 있다. 성향은 달라도 같은 곳을 바라보기에 시너지 효과를 낼 수 있는 것이리라. 물론 이를 위해서는 서로 인내하면서 포기하지 않고 서로를 설득하며 합의하는 과정이 필요하다. 서로 부딪히는 것도 안다르를 잘 키워내고 싶다는 마음 때문이라는 걸 알기에 감정적으로 흐르지는 않는다. 또 집에서 싸운 것을 회사에까지 가져가지 않고, 회사에서 싸웠던 것은 집으로 끌어들이지 않으려고 한다. 가정에서의 갈등과 회사에서의 의견 대립은 철저히 구분하는 것이다.

부부가 함께 경영하며 많이 부딪힌다는 점이 언뜻 단점으로 비칠지 모르겠지만 이처럼 장점이 될 수도 있다. 더군다나 가정을 넘어 일터에서도 함께하면서 서로를 아주 가까이 지켜보면서 신뢰가 더욱 강해지고 끈끈한 연대감을 갖게 되었다. 사회적으로도 인격적으로도 '저 사람이 저만큼 성장했구나' 하며 서로를 뿌듯하게 바라보고 자랑스러워한다. 인생에서도 일에서도 좋은 파트너로 한 배를 타고 항해하는 중이다.

엄마들에게
필요한 옷

부모라면 누구나 공감하겠지만, 아이가 태어난 후 생활도 생각도 완전히 달라진다. 최대한 아이와 함께할 시간을 확보하기 위해 몸이 더 바빠지긴 했지만 마음에는 더 여유가 생겼다. 일에서도 인간관계에서도 더 너그럽고 인내가 생겼다는 느낌이 든다.

생활에 안정감이 생겼고 시야도 확장되었다. 개인적으로 출산과 육아라는 인생의 과정을 거치며 애슬레저 문화에 대해 더욱 깊게 생각하게 되었다. 예전에는 단순히 건강을 위한 운동이었다면 지금은 운동을 삶에 녹일 수 있는 다양한 방법을 고민한다. 음식, 생활습관 등을 통해 건강하고 윤택한 삶을 누릴 수 있는 방법을 생각하는 것이다.

이런 고민의 결과와 여성으로서 살아가는 내 삶의 경험들도 애슬레저 문화라는 이름으로 세상에 하나씩 내놓고 있다. 일하고 운동하고 먹고 쉬는 일상의 활동들이 조화롭게 균형을 이룬 것이 바로 내가 생각하는 이상적인 애슬레저 문화다.

내가 엄마가 되고 보니 세상의 엄마들에게 필요한 옷이 무엇일까도 더 고민하게 되었다. 안다르의 임부복은 내가 처음 임신했을 때부터 출시하고 싶었던 아이템이다. 내가 임신을 하고 보니 임부 레깅스도 필요하겠다는 생각이 들었기 때문이다. 보통 임신을 하면 불편해서 바지를 잘 입지 않게 되지만 임산부들한테도 몸을 움직이고 운동하라고 병원에서 권하기 때문에 레깅스에 대한 수요가 있겠다는 판단을 했다.

그러나 쉬운 일은 아니었다. 임산부들이 입을 수 있는 레깅스라면 배 부분이 훨씬 더 신축성 있어야 한다. 게다가 사람 체형이 다 다르지만 임산부들을 관찰해보면 임산부 체형은 더욱더 다른 것 같았다. 배가 앞으로 나오는 사람도 있고 옆으로 퍼지는 사람도 있으며 배가 나오는 정도도 사람마다 다르기 때문이다. 체형을 예측하기 힘들기 때문에 임산부 레깅스는 마치 트랜스포머처럼 체형에 맞게 변신할 수 있는 정도가 되어야겠다고 생각했다.

쉽지 않은 일인 데다 내가 임신했을 당시에는 회사의 여러 사정으로 임산부 레깅스를 개발할 여력이 되지 않았다. 그래서 미뤘다가 2019년에 출시를 했다. 그러나 역시 쉽지 않아서 계속 보완, 발전시키고 있다.

또한 안다르 키즈라인도 출시했다. 엄마와 아이가 함께 입을 수 있는 '시밀러룩'을 연출할 수 있도록 기획했다. 아이들이 일상에서 편안하게 입을 수 있도록 소재와 착용감에 많은 심혈을 기울였다. 특히 국가 공인 검사기관을 통해 유해성분을 테스트해 안전한 제품임을 인증받았기 때문에 아이와 부모 모두가 안심하고 입을 수 있는 제품이라고 자부한다.

출산과 육아는 나의 세계를 확장해주었고 나를 성장시켰을 뿐 아니라 안다르 또한 다음 단계로 올라서 더 큰 지향점을 바라보는 계기를 제공해주었다. '모두가 편한 옷'을 향해 내 삶과 안다르는 함께 확장하며 날개를 펼치는 중이다.

사회적 책임과 더 좋은 영향력을 위해

우리 회사, 가족을 넘어 더 많은 사람에게 좋은 영향력을 미치는 일은 내 삶을 확장하는 또 다른 방법이다. 나는 내가 할 수 있는 일로 누군가에게 도움을 주고 싶다고 항상 생각한다. 그래서 어릴 때부터 지금까지 되고 싶거나 선택한 직업도 누군가를 관리해주거나 더 좋아지게 지도하는 등 내 노동력으로 사람들이 더 나아지도록 돕는 일을 택했다.

부모님의 영향도 있을 것이다. 아버지는 평생 군인으로 살다가 퇴직 후 사회복지 분야에서 활동하고 있다. 또 사촌동생이 몸이 불편해 장애인 시설에 자주 갔었기 때문에 어렸을 때 나도 항상 엄마를 따라 요구르트를 사 들고 시설에 가곤 했다. 몸이 불편한 아이들을 엄마가 돌봐주는 것을 익숙하게 보며 자라서인지 나도 봉사활동에 관심이 많았고 헤어디자인을 배울 때도 헤어 봉사활동을 다녔다. 비록 내가 대단한 헌신을 할 수 있을 만큼 훌륭한 사람은 못 되지만 내 일을 하면서도 이왕이면 다른 사람들한테 도움이 되었으면 하는 마음이 있다.

회사 차원에서도 다양한 CSR 활동을 하고 있다. 장애인종합복지관에 다양한 제품들을 기증했으며, 아름다운 가게와 함께 '안다르와 함께하는 아름다운 하루'라는 바자회를 개최하기

▲ 남을 위해서라기보다 나누는 기쁨에 내가 행복해서 봉사가 즐겁다.

도 했다. 수익금 전액은 소외 아동 정서 치료 지원사업에 기부
했다. 코로나19 사태에는 전국 미혼모들에게 마스크 15만 장을
기부하기도 했다. 앞으로도 도움이 필요한 사람들에게 나눔을
실천하고자 다양한 활동들을 꾸준하게 전개해 나갈 예정이다.

　안다르 브랜드 차원에서 하는 활동들과 별개로 내가 개인적
으로 하고 싶은 활동도 많아서 추진해가고 있다. 아무래도 브
랜드 이미지를 앞세우면 상대방의 입장에선 불편할 수 있기 때
문에 브랜드 이미지 제고라는 이익조차 채우지 않는 활동도 하

려고 노력한다.

2020년부터는 대학생 서포터즈 '안다린'을 발족해서 대학생들이 브랜드 실무를 경험하고 함께 여러 프로젝트를 진행하는 CSR(사회 공헌 활동)도 하고 있다. 밀레니얼 세대와의 소통을 확대할 수 있는 기회일 뿐 아니라 이들에게 받는 영감도 크다. 무엇보다 대학생들이 안다르와 함께 삶의 가능성을 넓힐 수 있기를 바란다.

지금까지의 성공은 나 혼자만의 힘은 결코 아니다. 고객의 사랑이 있었기에 현재의 안다르가 있다. 그러므로 그 사랑을 어떤 식으로든 돌려드리고 싶다. 고객들의 힘으로 회사가 성장한 만큼 사회적 책임을 다해야 한다는 점을 항상 가슴속에 새기고 있다. 부모님이 지어주신 내 이름이 부끄럽지 않게, 사람들에게 어떤 식으로든 도움이 되고 싶어 안다르를 만든 처음 그 마음의 불씨가 꺼지지 않게, 여력이 되는 한 많은 좋은 일을 벌여보고 싶다.

Stretch Your Life!

　20대의 어린 나이에 창업을 하고 안다르를 키우는 5년간 결혼과 출산까지 했다. 그러면서 나라는 사람이 해야 하는 역할이 늘었다. 나는 누군가의 딸이면서 형제이고 엄마이자 아내, 며느리이며 한 회사의 대표다. 여러 역할과 해야 할 일들 사이에서 우왕좌왕하기도 했다.

　그러다 아이를 키우면서 생활의 균형을 맞춰가는 훈련을 하는 좋은 기회가 되었다. 여러 가지 일이 내 몫으로 주어졌을 때 어떻게 조율하고 해나갈 것인가. 중요한 것은 일의 우선순위를 정하는 것이다. 잠들기 전에 눈을 감고 오늘 하루를 돌아보며 잘한 것과 반성할 것을 생각해보고 내일 할 일의 우선순위를 정한다. 이때 익힌 방식 덕분에 지금도 매일같이 밀려드는 스케줄을 '쳐내며' 살고 있다. 또한 이때 훈련한 것을 회사 일이라든가 다른 일에서도 발휘할 수 있게 되었고 스스로 발전할 수 있는 기회가 되었다. 일뿐 아니라 관계에 있어서도 내가 너무 밀거나 당기고 있지 않은지, 혹은 무언가에 대해 과욕을 부리거나 빨리 체념하는 건 아닌지 고민하고 균형을 맞추려고 노력한다.

고민이 없었던 것은 아니다. 너무 힘들어 회사는 남편에게 맡기고 육아에 전념할까 하는 생각이 들 때도 있었다. 그런데 '일을 안 하면 행복할까?'라고 자문해봤을 때 '아니'라는 답이 돌아왔다. 33년간 군생활을 했던 아버지가 퇴직 후 1년간 무척 괴로워하는 것을 보았다. 33년을 일했으니 2년 정도는 편히 쉬어도 된다고 생각했는데 아버지는 엄청난 불안감과 사회에서 쓰임을 다했다는 선고를 받은 듯한 느낌에 힘들어하셨다.

그런 모습을 보면서 일이란 일상을 더 풍요롭게 만드는 소금 같은 게 아닌가 생각했다. 달달한 일만 있으면 좋을 것 같지만

그렇게 전혀 다른 맵고 짠 양념이 가미되어 우리 삶은 더욱 풍
요로운 맛을 내는 게 아닐까. 일과 안다르는 내 인생에서 빠뜨
릴 수 없는 소금이 되었다.

점차 성장하는 애슬레저 문화는 꺼지지 않는다

안다르의 날개를 점점 더 크게 펼치기 위해 무엇을 할 수 있
을까. 내가 언제나 하는 고민이다. 내가 보고 경험하고 느끼는
것들은 모두 안다르와 연관해서 생각하게 된다. 요리를 배우면
서는 라이프스타일 플랫폼을 만들어서 건강한 식문화에 관심
이 많은 사람을 위한 쿠킹 클래스를 열면 어떨까 생각하고 유
명 강사를 초빙해서 퍼스널 트레이닝을 하는 플랫폼을 궁리하
기도 한다.

어떤 사람들은 애슬레저 시장이 급격히 성장했지만 한때 인
기를 끌던 아웃도어 시장처럼 애슬레저도 잠깐의 유행이지 않
겠느냐고 한다. 과연 애슬레저 시장이 얼마나 지속가능할까?
이런 질문에 애슬레저에 대한 수요는 멈추지 않을 것이라고 나
는 자신 있게 말할 수 있다. 10년 후의 미래 모습에 대해 의견
이 분분하겠지만 단 하나의 공통점을 꼽는다면, 지금의 모습과

는 완전 다를 것이라는 점이다. 그만큼 우리가 사는 세상은 너무 빠르게 변하고 있다. 그리고 이 급격한 변화에도 하나의 흐름은 있었다. 사람들이 점점 더 삶의 질과 생활의 효율을 중시하게 되었다는 점이다. 예전에는 웰빙이 매우 신선한 키워드였지만 지금은 너무 당연해져 오히려 구태의연한 키워드가 됐다. 건강한 몸과 마음에 대한 관심은 계속 늘어나고 있기 때문에 애슬레저에 대한 니즈는 커질 수밖에 없다고 생각한다. 물질적인 것이 어느 정도 채워지면 사람들은 정신적인 것을 추구하게 되는 것이 당연한 것처럼 말이다.

애슬레저는 단순히 육체적인 건강만을 말하는 것이 아니라 일상의 균형과 행복을 추구하는 정신적인 가치도 포함하는 개념이다. 그러므로 애슬레저 문화는, 혹여 그 명칭이 바뀔지는 몰라도 사그러들 수가 없다고 생각한다. 그 본질에 대한 니즈는 지속될 것이기 때문이다.

나는 애슬레저가 '삶'이라고 생각한다. 이 삶이라는 거대한 영역 안에서 안다르가 할 수 있는 게 엄청나게 많다. 다른 문화 요소를 접목하거나 다른 분야와 협업하며 만들어갈 수 있는 것이 무궁무진하다. 얼마나 흥미롭고 다채로운 시도들이 이어질 수 있을까? 정말 설레고 기대된다.

이제 곧 서른을 앞둔 시점에서 20대를 돌아보면 뿌듯하다.

꼭 결과가 좋아서가 아니라 내가 할 수 있는 최선을 다했고 덕분에 많은 경험을 했다는 점 때문이다. 용기 내어 도전했던 경험은 억만금으로도 바꿀 수 없는 것이며, 지금까지 살아온 날보다 더 많이 남은 인생에 걸쳐 크나큰 자산이 될 것이다.

그 경험을 안고 시작할 30대가 기대되는 이유다. 누구나 그렇겠지만 20대에는 늘 갈팡질팡하며 어디로 향할지 혼란스럽다. 나 역시 진정한 나를 찾는 과정을 아프게 거치며 이제 비로소 나라는 사람을 좀 더 알게 되었다. 모든 게 애매모호했던 20대에 고군분투하며 다진 것을 기반으로 마침내 안개가 걷히고 마구 흔들리던 나침반의 바늘이 정확한 방향을 가리키는 것 같다. 이제 그 방향을 따라 더 열심히 달리는 일만 남았다.

여성으로서 엄마로서
건강한 라이프스타일을 위해

기업의 CEO로서 사람들에게 비치는 내 모습이 마냥 화려하고 완벽한 모습일 때가 많다. 하지만 나 역시 부족한 것이 많고 지금도 많은 것을 배우고 도전하며 성장하고 있는 사람이다. 여성으로서 엄마로서 고군분투하는 인간 신애련의 모습도 솔직하게 보여주고 많은 사람에게 도움이 되고 싶은 마음으로 2019년에 유튜브 채널을 개설했다. 내 애칭을 붙인 '애룡TV'에서는 아이를 위해 내가 항상 만드는 이유식에 관한 이야기, 집에서 할 수 있는 틈새 운동 팁 등 건강한 라이프스타일을 위한 콘텐츠를 공유하고 있다.

원래 건강을 중요시했지만 출산을 하며 건강한 식단과 운동에 대해 더 많이 생각하고 공부하게 되었다.

어린 나이에 첫아이를 출산하면서 설레기도 하고 책임감도 무거웠다. 내가 과연 아이를 잘 키울 수 있을까? 잘 키우려면 어떻게 키워야 할 것인가? 고민을 많이 했다.

그래서 아이가 배속에 있을 때부터 건강한 식생활에 대해 공부를 했는데, 그때 알게 된 것이 매크로바이오틱macrobiotic이다. 매크로바이오틱은 동양의 자연사상과 음양원리에 뿌리를 둔 식생활법으로 제철 음식을 껍질이나 씨 등을 제거하지 않고 통째로 먹어서 음식 자체가 가진 에너지를 섭취한다. 또 육류보다는 좋은 탄수화물, 즉 곡류와 채소를 위주로 식사하는 것을 권한다. '다 먹고살려고 하는 일이다'라는 말처럼 먹는 일은 너무나 중요하다. 나 역시 매크로바이오틱을 알게 되면서 내 삶의 방향성도 바뀌었고 요리에 대한 관심도 커져 시간을 쪼개 요리를 배우고 이유식도 직접 만들었다. 건강한 식단에 관심이 많다면 한번 공부해보는 것도 좋을 것 같다.

난 안다르다, 우리는 안 다르다

이 책을 쓰면서 지난 시간을 돌이켜보고 나 자신을 돌아보는 좋은 계기가 되었다. 안다르를 창업한 순간부터 내 모든 것을 안다르에 쏟아부었다고 해도 과언이 아니다. 나 자신도 안다르와 함께 성장했고 내 미래도 안다르를 빼놓고 생각할 수 없다.

이제껏 쉴 새 없이 밀려드는 일들을 '해치우듯' 살다 보니 내가 걸어온 길을 차분히 살펴볼 새가 없었던 게 사실이다. 매일 아침 눈을 뜨면 "오늘도 무사히!"를 외치고 밤에 잠들기 전에는 내일이 오지 않았으면 좋겠다고 생각할 정도로 두렵고 힘든 날이 수없이 많았다. 별 탈 없이 하루를 마친 날이면 안도의 한숨을 쉬었지만 눈을 감고는 내일 해야 할 일들을 머릿속에서 그리느라 쉬이 잠들지 못했다.

지금도 그때와 크게 다르지 않다. 하지만 때론 눈물을 쏟고 때론 머리를 쥐어뜯던 그 시간들이 결코 헛되지 않았다는 것을 이제는 알고 있다. 그리고 지금 이 순간 내가 최선을 다해 보내는 시간 또한 내 미래를 엮을 한 올의 실이 될 것이라는 것을 알고 있다. 그렇기 때문에 더 여유를 가지면서도, 한편으론 더 치열하게 하루하루를 보낼 수 있게 되었다.

힘들었던 시간은 결국 나에게 약이 되었다. 행복하기만 한 사람은 없다. 행복한 순간도 영원하지는 않다. 중요한 건 힘든 시기를 어떻게 소화해 내 자산으로 만드느냐인 것 같다. 그때에 비하면 많은 걸 이룬 것처럼 보이는 지금도 또 다른 종류의 고난이 나를 찾아오곤 한다. 그럴 때마다 이 시기를 잘 넘기면 나는 더 강해지고 현명해질 것이라고 생각한다.

최근 안다르는 그룹 '마마무'와 컬래버레이션을 해서 브랜드 음원을 발표했다. 노래 제목은 〈Wanna be myself〉이고 부제가 '나는 안 다르다'이다. 이 노래를 듣고 나도 무척 좋았는데 특히 이 가사가 마음에 와 닿았다.

세상에 정해진 기준은 없어
이렇게 저렇게 비교하지 마
안 다르다 너와 난 안 다르다

타인의 시선이나 세상의 기준에 맞춘 삶이 아니라 나 자신이 생각하는 대로 도전하며 살아가자는 메시지다. 그러려면 나 자신을 있는 그대로 아끼고 사랑해야 한다. 나도 이런 마음을 가질 수 있게 되기까지 시간과 노력이 필요했다. 지금도 세상의 편견에 부딪힐 때도 있고 내 안의 콤플렉스가 고개를 들 때도 있다. 겉으로 보이는 화려한 모습의 이면에는 여러 모습을 가진 나 자신이 있다.

소위 성공했다는 사람들의 이야기를 들으면 '이 사람은 애초에 나와 다르니까'라는 생각이 들 수도 있다. 하지만 이 책을 다 읽은 사람이라면 나와 당신이 전혀 '안 다르다'는 것을 느꼈을 것이다. 누구나 자기만의 가치와 아름다움을 가지고 있다는 점에서도 우리는 안 다르다.

그러니 세상의 기준은 나 자신에게 있다는 것을 잊지 말고 자신만의 기준을 세워 앞으로 나아갔으면 한다. 몸에 맞지 않는 옷으로 스스로를 괴롭히지 말고 내 몸에 맞는 옷을 스스로 창조해 나가자. 그러면 반드시 더 나아진다.

어제의 나보다 오늘의 내가, 오늘의 나보다 내일의 내가 조금 더 좋아질 거라는 믿음. 그 믿음은 결국 내가 끈질기게 걸어온 길에서 하나하나 쌓아올린 것이다. 때때로 불공정하고 불합리한 세상 속에서 하루하루 성실히 살아가는 것만으로도 이미 잘하고 있는 것이다. 29세의 내가 20세의 나를 꼭 안아주고 싶은 것처럼 39세의 내가 지금 29세의 나를 수고했다고 꼭 안아

줄 수 있도록 처음 시작하던 마음 그대로 한 걸음 한 걸음 걷고 싶다.

사랑하는 파트너이자 동업자인 남편과 사랑하는 딸 예서 그리고 항상 든든한 조력자가 되어주는 양가 가족에게 감사드린다. 그리고 같은 곳을 보며 함께 많은 것을 이루어가고 있는 안다르 임직원 여러분께도 감사의 마음을 전하고 싶다.

안다르, 디테일을 입다

초판 2020년 10월 15일

지은이 | 신애련

발행인 | 이상언
제작총괄 | 이정아
편집장 | 조한별
책임편집 | 최민경

디자인 | Design co*kkiri
표지 사진 | 박종근

발행처 | 중앙일보플러스(주)
주소 | (04517) 서울시 중구 통일로 86 4층
등록 | 2008년 1월 25일 제2014-000178호
판매 | 1588-0950
제작 | (02) 6416-3925
홈페이지 | jbooks.joins.com
네이버 포스트 | post.naver.com/joongangbooks
인스타그램 | @j__books

ⓒ 신애련, 2020

ISBN 978-89-278-1157-2 03190

중앙북스는 중앙일보플러스(주)의 단행본 출판 브랜드입니다.